Arne Völkel

Ich glaub`, ich denk` mich krank!

Wenn negative Gefühle und Gedanken die Gesundheit ausbrennen.

Ich glaub`, ich denk` mich krank!

Wenn negative Gefühle und Gedanken die Gesundheit ausbrennen.

Bibliografische Information der Deutschen Nationalbibliothek: Die Deutsche Nationalbibliothek verzeichnet diese Publikation in der Deutschen Nationalbibliografie; detaillierte bibliografische Daten sind im Internet über http://dnb.dnb.de abrufbar.

TWENTYSIX – Der Self-Publishing-Verlag
Eine Kooperation zwischen der Verlagsgruppe Random House und Books on Demand

© 2016 Völkel, Arne

Herstellung und Verlag: BoD – Books on Demand, Norderstedt.
ISBN: 9783740709839

Illustration: Maria Völkel, www.mvglass.net
Layout: Bastian Kästner, www.markenwert.com

Vorwort

Wie komme ich heraus aus dem Labyrinth meiner negativen Gefühle und woher kommen alle diese anklagenden Gedanken in meinem Kopf? Um Klarheit über sich selbst zu gewinnen, hilft es, Faktenwissen mit Bildern zu verbinden. Denn mehr als komplizierte Überlegungen treffen häufig spontane Assoziationen den Nagel auf den Kopf.

Bilder wirken direkter als Worte und Humor erleichtert den Perspektivwechsel. Jedem Kapitel dieses Ratgebers ist daher ein Cartoon vorangestellt. Blättern Sie nicht gleich um und lesen Sie nicht sofort weiter. Erlauben Sie zunächst dem Bildwitz, Sie zu erreichen. Entdecken Sie im Bild Ihre Wahrheit. Worüber können Sie spontan schmunzeln oder was stimmt Sie eher nachdenklich?

Gleichen Sie der Libelle am Nordpol, dem Chamäleon auf einer kariert, gepunkteten Streifentapete oder der Fliege auf der Sahnetorte? Malen, schreiben Sie Ihre Gedanken auf! Mein Anliegen ist, dass Sie selber in diesem Ratgeber vorkommen. Entdecken Sie die verborgenen Bedürfnisse, die hinter Ihren Gefühlen stehen. Hören Sie sich selber zu, um Ihren inneren Kritikern und Antreibern auf die Spur zu kommen. Finden Sie aus unfruchtbaren Grübeleien zu entscheidungsreifer Klarheit. Einige Anregungen und Fragen, die Sie zu Beginn und am Ende eines jeden Kapitels finden, wollen Sie dabei unterstützen.

Bestimmen Sie Ihren persönlichen Weg, dem Ausbrennen zu entkommen!

Was macht die Libelle am Nordpol?

> *Dieses Kapitel befasst sich mit der Bedeutung Ihrer Bedürfnisse und Gefühle und fragt, wie Sie Ihre inneren Kritiker besser verstehen können.*

Erlauben Sie dem Bildwitz der Zeichnung Sie zu erreichen. Worin besteht die Pointe? Worüber können Sie spontan lachen? Möglicherweise ist Ihnen aber auch gar nicht danach. Eher rührt sich in Ihnen ein Gefühl von Ärger, Ablehnung oder Widerspruch. Setzen, malen, schreiben Sie Ihren ersten Eindruck darunter.

Wie würden Sie fühlen, wenn Sie in der Haut der Libelle stecken würden? Drei Empfindungen.

_____

_____

Nehmen Sie sich jetzt einen Augenblick Zeit für eine kleine Aufmerksamkeitsübung. Es geht los:

Wieviel Uhr ist es? Früher Morgen, später Abend? Haben Sie gerade Mittagspause oder das Wochenende erreicht, ist Urlaub oder Feierabend?
Schreiben Sie es auf:

_____

_____

Wo halten Sie sich gerade auf? In einem Gebäude oder vielleicht auf einer Parkbank, in freier Natur, am Strand? Haben Sie es sich zu Hause bequem gemacht, oder sitzen Sie gerade im Flieger, im Zug, in einer Hotellounge?
Schreiben Sie es auf:

_____

_____

Nehmen Sie Ihre Umgebung wahr. Sind Sie allein? Was sehen, was hören, was riechen sie?
Schreiben Sie es auf:

_____

_____

Nachdem Sie nun Ort, Zeit und Umstände des Augenblicks wahrgenommen haben, eine letzte Frage, die Sie bitte stichwortartig festhalten.

Was fühlen Sie gerade in diesem Augenblick?

_____

_____

_____

_____

_____

Danke, dass Sie sich auf die Übung eingelassen haben. Wir kommen später darauf zurück.

Wenn alles schief läuft

Entmutigende Bilder und nörgelnde Stimmen im Kopf können einem das Leben richtig schwer machen. Schließlich ergeben wir uns den ermüdenden Gedanken. Die erschöpfte Seele gibt den Widerstand gegen die inneren Kritiker und Antreiber im eigenen Denken auf. Körper und Geist erkranken. Wie und was denken Sie über sich und wie sehen Sie andere? Was wollen Sie an sich (über-) sehen, was sieht Ihnen ähnlich und wie möchten Sie angesehen werden? Und was hat das alles mit der Gefährdung Ihrer Gesundheit zu tun?

Eine Libelle ist tüchtig vom Weg abgekommen und findet sich unverhofft am Nordpol wieder. Da sitzt sie frierend und zitternd und bittet Gott: „Guter Gott, wenn es dich gibt, hilf mir, dass ich hier wegkomme von diesem entsetzlichen Ort." Wenig später schwimmt ein Wal an ihr vorbei. „Na, was machst du denn hier?" fragt er. Soll ich dich ein Stück südwärts mitnehmen?" „Nein danke", wiegelt die Libelle ab, alles in Ordnung. Nachdem der Wal abgetaucht ist, erneuert sie ihr Flehen. „Guter Gott, wenn es dich gibt, hilf mir, dass ich hier wegkomme, von diesem entsetzlichen Ort." Kurz darauf landet ein Schneehuhn, der Libelle genau vor den Füßen. „Na so etwas, eine Libelle am Nordpol!", ruft sie überrascht der Libelle zu,

„du hast dich bestimmt verirrt. Soll ich dich ein Stück südwärts mitnehmen?" „Nein danke", erwidert die Libelle, „ich komme schon klar, ich bin stark". Nachdem das Schneehuhn weiter geflogen ist, erneuert sie ihr Flehen. „Guter Gott, wenn es dich gibt, hilf mir, dass ich hier wegkomme, von diesem entsetzlichen Ort." So geht es noch drei weitere Male. Dem Schneehuhn folgt ein Eisbär, dem Eisbär ein Walross und dem Walross ein Pinguin. Jedesmal schlägt die Libelle das Angebot, ein Stück weit südlicher mitgenommen zu werden, aus. Schließlich erfriert sie und kommt im Himmel an. „Lieber Gott", beschwert sie sich bitter, „weshalb hast du mich nicht gerettet, als ich dich so flehentlich darum bat?" Da antwortet ihr Gott-Vater. „Hatte ich dir nicht den Wal, das Schneehuhn, den Eisbär, das Walross und den Pinguin vorbeigeschickt?"

Der Körper sagt, was die Seele fühlt

Der Libelle hätte ein Ortswechsel wirklich gut getan. Hoffentlich ist Ihre Situation nicht so verfahren, dass Sie sich wie ein Libelle am Nordpol fühlen müssen. Sie halten das so wenig aus wie das Insekt, denn Sie können nicht unter Bedingungen leben und arbeiten, die Ihren persönlichen Bedürfnissen in jeder Weise widersprechen. Da ist beispielsweise die Wohngemeinschaft, in der es völlig unterschiedliche Auffassungen von Ordnung gibt. Da ist die Lerngruppe, in der Sie den Eindruck haben, die Hauptlast der Seminararbeit zu tragen, während sich Ihre Kommilitonen auf Ihre Kosten ausruhen. Da ist der Chef, der an Ihren Arbeitsergebnissen immer wieder herummäkelt und Ihre Bitte um Unterstützung mit dummen Sprüchen abspeist. Da sind die Kinder, bei deren Erziehung Sie sich von Ihrem Partner allein gelassen fühlen. Da reicht das Geld vorne und hinten nicht und Sie haben keine Ahnung, wie Sie die Rechnung für die reparierte Waschmaschine bezahlen sollen.

Sie erinnern die einführende Übung zu diesem Kapitel? „Was fühlen Sie gerade in diesem Augenblick?", war da die Frage. Es wäre nicht erstaunlich, wenn Ihre ersten Ideen zu dieser Aufgabe etwas dieserart hervorbrachten: „Ich denke an... Ich überlege gerade.... Ich verstehe die Frage nicht?" „Ich fühle nichts", könnten Sie den Eindruck haben. Doch das ist bestimmt nicht der Fall. Alles was wir wahrnehmen und jede Begebenheit lösen in uns Gefühle aus. Ihr Körper vermittelt Ihnen dazu Sinneseindrücke von dem Ort, der Zeit und den Umständen augenblicklicher Situationen. Der Sinn dieser körpereigenen Signale ist es nicht, Sie zu ärgern oder an einer Beschäftigung zu hindern. Tatsächlich vermittelt uns der Körper eine Botschaft der Seele und fordert uns auf, sie zu entschlüsseln. Spüren Sie Ihren verspannten Nacken, plagen Sie Rückenschmerzen oder Sodbrennen? „Achtung!" lautet die Botschaft, „Mir tut es nicht gut, wie du mit mir umgehst. Würdest du bitte daran etwas ändern!"

Unverhofft kommt oft?

Treffen sich zwei Schnecken, die eine mit einem großen blauen Auge. „Wie ist denn das passiert?" – „Als ich gestern Heim ging, schoss plötzlich ein Pilz aus dem Boden..." Unverhofft kommt oft? Für Stresserkrankungen gilt das eher nicht. Sie können es schon lange bevor es zu ernsthaften gesundheitlichen Beeinträchtigungen kommt, am eigenen Leibe fühlen. Innere Spannungszustände wie Ärger und Kummer lassen Ihre Muskulatur verkrampfen. Gefäß- und Arterienverengung, erhöhter Blutdruck, schmerzende Muskeln und Verspannung sind die Folgen. Bevor die Psyche zusammenbricht, ruft sie den Körper als Signalgeber zur Hilfe. Auch das hält Sie nicht notwendigerweise davon ab, über die Schwierigkeiten, vor denen Sie stehen, lediglich zu klagen. Vielleicht können Sie sich dabei mit Gleichgesinnten verbinden, die mit Ihnen ins selbe Horn stoßen. Das kann gut tun. Auf Dauer macht es aber keinen Spaß und vor allem, es erschließt keine neue Perspektive.

Dass uns etwas an unseren Lebensumständen stört, dass die Wohngemeinschaft stresst, die Kommilitonen sich egoistisch verhalten, der Chef oder Partner Druck ausüben und der Haushalt überfordert, bemerken wir häufig erst dann, wenn die Seele zu ihrem letzten Mittel greift. Die Bedeutung psychischer Störungen für Krankschreibungen hat in den letzten zehn Jahren drastisch zugenommen. Obwohl sich der Rückgang des Krankenstandes in Firmen fortsetzt, steigt das Ausmaß der Arbeitsunfähigkeit aufgrund seelischer Erkrankungen.

Vielleicht fällt es Ihnen schwer, anzunehmen, dass Ihr Körper und Ihre Psyche ohne Ihr bewusstes Dazutun, ja sogar entgegen Ihrem Wollen, einen Dialog führen. „Ich bin doch keine gespaltene Persönlichkeit!", könnte darauf die ärgerliche Reaktion sein. Und in der Tat. Auch wenn Ihr Körper mit unangenehmen Empfindungen reagiert, ist alles mit Ihnen in Ordnung. Es kommt nur darauf an, dass Sie darauf hören! Zum Beispiel auf Ihre Rückenschmerzen. Die Bandscheiben gleichen einem porösen Schwammgewebe, das Tags über zusammengedrückt wird. Des Nachts werden die Bandscheiben ähnlich einem ins Wasser getauchten Schwamm durch die Blutzirkulation aufgeladen und dehnen sich wieder aus. Bei Stress bleiben die Muskeln ständig zusammengezogen und verhindern so, dass sich das Bandscheibengewebe im Schlaf regenerieren kann. Unter diesem Druck tritt irgendwann galertartige Flüssigkeit aus der Bandscheibe aus, drückt auf die am Rückenmark verlaufenden Nervenbahnen und löst dort eine Entzündung aus. Oft bleiben die damit verbundenen Schmerzen nicht nur auf den Rücken begrenzt, sondern treten auch bei den Körperstellen auf, zu denen der Nerv führt. Der Griff zum Schmerzmittel liegt dann nah. Neben der Symptombehandlung verdient jedoch die Ursachenerforschung all Ihre Aufmerksamkeit.

Vom Mut, schwach zu sein

Zugegeben, das Leben ist kein Ponyhof. Es gibt genügend unangenehme Zeitgenossen und selten läuft beruflich und privat alles rund. Aber soll deshalb alles so bleiben wie es ist? Keinesfalls! Verfallen Sie nicht dem Gefühl des Selbstmitleids, sondern machen Sie von jedem ehrlichen Hilfsangebot Gebrauch. Greifen Sie zu, wenn das geschieht und überlassen Sie sich nicht Ihren Ohnmachtsgefühlen! Gerne verstecken wir uns mit und vor unseren Ängsten. Doch ihnen entgegen zu treten, weist den Weg heraus aus ihrer Gefangenschaft. Klassisch für die Angstbewältigung ist der Weg der Desensibilisierung. Höhenangst beispielsweise verliert sich, wenn immer wieder kleine Schritte getan werden, sich an zunehmende Höhe zu gewöhnen. Eine Spinnenphobie kann überwunden werden, indem man sich über diese faszinierenden Netz-Baumeister informiert und sich ihnen behutsam, Stück für Stück, annähert. Der verhaltenstherapeutische Ansatz verfehlt seine Wirkung auch nicht, wenn es beispielsweise darum geht, Vorstellungsgespräche zu bewältigen oder Fahrprüfungen zu bestehen. Begegnen wir der Angst, indem wir sie schrittweise überwinden, verliert sie ihre Macht über uns. Dazu trägt auch bei, sich der eigenen Stärken bewusst zu werden. Dann können wir uns auch Schwächen eingestehen und müssen nicht länger Mauern um unser Denken und Fühlen ziehen nach dem Motto: Hier kommt mir niemand hinein! In solcher Abwehrhaltung schwingt die Furcht vor Veränderung mit, vor Infragestellung des Selbstbildes und des uns Vertrauten. Doch aus eingestandener Schwäche wächst Vertrauen in die eigene Stärke und aus Glauben der Dank, beschenkt zu sein, sich seinen Selbstwert nicht verdienen zu müssen.

Angst weist uns auf unser Sicherheitsbedürfnis hin, das dem Willen zur Macht nah steht. Wer genügend Macht hat, braucht sich nicht zu fürchten. Verlieren wir aber an Einfluss und schränkt sich der Raum unserer Selbstbestimmung ein, bekommen wir es mit der Angst zu tun. Wir realisieren unsere Ohnmacht. Sie hat einen persönlichen und einen sozialen Aspekt. Der persönliche Aspekt betrifft die Erfahrung der eigenen intellektuellen, psychischen oder körperlichen Leistungsgrenze. Der soziale Aspekt berührt das Gefühl, allein gelassen zu sein. Dem persönlichen und sozialen Ohnmachtsempfinden gemeinsam ist die Erfahrung, ungeliebt zu sein und nicht geachtet zu werden. Oder seine Steigerung, das schmerzvolle Empfinden persönlicher Unterlegenheit. Wie können wir dem entkommen? Erste Voraussetzung dafür ist, dass wir uns unserer eigenen Persönlichkeit bewusst werden und der Lebenssätze, die uns geprägt haben.

Das innere Drehbuch

Jeder Mensch hat individuelle Glaubenssätze verinnerlicht. Sie wirken einem inneren Drehbuch vergleichbar und enthalten negative und auch positive Botschaften. Letztere fördern unser Selbstwertgefühl. So wirkt verständlicher Weise die wiederholte Botschaft der Eltern „Schön, dass du da bist", ganz anderes auf das Kind, als wenn es immer wieder zu hören bekommt, „Du raubst mir den letzten Nerv!"

Die Botschaft „Wunderbar, du bist ein Mädchen (ein Junge)!", bewirkt im Innern des Kindes und Heranwachsenden ganz etwas anderes, als die Nachricht „Wärest du doch nur ein Junge (ein Mädchen) geworden." Diese sogenannten Glaubenssätze oder Skriptsätze, wie sie in der Psychologie genannt werden, repräsentieren unsere verinnerlichten Überzeugungen. Sie stehen für das Vertraute, das uns näher ist als das Unbekannte. Das Unbekannte, Fremde, das Neue und Veränderungen verunsichern uns. Glaubenssätze versprechen Verlässlichkeit. Die in uns verankerten Skriptsätze sind deshalb nicht einfach abzuschütteln. Sie sind uns in Fleisch und Blut übergegangen und lassen uns immer wieder auf sie hören. Wie gelingt es, die unbewusst übernommenen Skriptsätze zu prüfen, auszusortieren oder bewusst zu integrieren? Skriptsätze, sie sind an sich weder positiv noch negativ, sie erheben keinen Anspruch auf Objektivität. Sie können sich jedoch in der einen Situation als hilfreich erweisen und ein anders Mal sehr hinderlich auswirken. Jemand hat den Satz „Stör uns nicht!" sehr oft zu hören bekommen und daraus ein Lebensgefühl von „am besten mache ich mich unsichtbar" entwickelt. Diese Strategie ersparte viel Ärger. Es bewahrte das Kind davor, von den nervlich überforderten Großeltern, die die Erziehung des Kindes übernommen hatten, in den Keller gesperrt zu werden. Im Erwachsenendasein führt das daraus entstandene negative Selbstbild und die damit verbundene mangelnde Selbstachtung zu Problemen. Wann und wie ist es angemessen, für eigene Interessen einzustehen?

Kommen Sie sich bei der Erkundung Ihrer Persönlichkeit selbst auf die Spur. Entdecken Sie gewohnheitsbedingte Mechanismen in Ihrem Denken, Empfinden und Tun. Wie kommt es beispielsweise, dass Sie sich in schöner Regelmäßigkeit selbst ausbremsen? Weshalb helfen Ihnen gute Vorsätze nicht, sich so zu verhalten und durchzusetzen, wie sie das eigentlich möchten? Lernen Sie ihr inneres Drehbuch kennen, an dem Sie sich unbewusst orientieren.

Eine Gebrauchsanweisung für's Leben

Unser gelerntes Lebenskonzept repräsentiert eine Art Gebrauchsanweisung für's Leben, das wir von den Eltern und anderen Respektpersonen übernommen haben. Skriptsätze sind kondensierte Verhaltensweisen, Normen, Werte, Ideale, Vorurteile und Einstellungen, die das eigene Denken, Fühlen und Verhalten prägen. Unser erlerntes Lebensskript setzt sich dabei zusammen aus dem gedachten Lebenskonzept und dem gefühlten Lebenskonzept (Selbstbild).

Das gedachte Lebenskonzept repräsentiert das Denken und Verhalten, das unmittelbar auf das Hier und Jetzt reagiert. Das Gehirn erinnert Erfahrungen und Wissen, analysiert Daten und Fakten und setzt früher gewonnene Erkenntnisse ins Verhältnis zu dem Anspruch des augenblicklichen Erlebens. Das gefühlte Lebenskonzept repräsentiert das Empfinden und Verhalten, das unmittelbar auf das Hier und Jetzt reagiert. Das Gehirn erinnert Emotionen und Gefühlsreaktionen, nimmt eine emotionale Einschätzung vor und setzt die in der Kindheit gewonnenen Empfindungen ins Verhältnis zu dem Anspruch des augenblicklichen Erlebens. Das erlernte Lebensskript repräsentiert unser gedachtes und gefühltes Lebenskonzept bzw. Selbstbild, das aus der Kindheit herrührt und augenblicklich im Hier und Jetzt wieder aktiv wird.

Ein Beispiel kann das erlernte Zusammenspiel von gedachtem und gefühltem Lebenskonzept verdeutlichen. Was geschieht, wenn Sie sich der Meinung der Mehrheit anschließen, obgleich Sie eigentlich ganz anderer Überzeugung sind? In Ihrer Biografie haben Sie eine Menge von Daten gesammelt, die Ihr Gehirn auf einer Art organischer Festplatte abgelegt hat. Ähnlich wie beim Surfen durchs Internet, bei dem Cookies einen schnellen Zugriff auf Daten ermöglichen, erlauben im Gedächtnis abgespeicherte Erinnerungen (das erlernte Lebensskript) den schnellen Zugriff auf ein (ehemals) bewährtes Verhalten. In der Kindheit war die Strategie der Anpassung gegenüber den überlegenen Eltern, Erwachsenen oder älteren Geschwistern eine intelligente Lösung. So konnten Sie Konflikten ausweichen, bei denen Sie den Kürzeren gezogen hätten. Diese Erfahrung, die erfolgreiche Strategie des Rückzugs, hat möglicher Weise Ihre Haltung zum Leben stark beeinflusst. Heute prägt es Ihre Einstellung in der Begegnung mit anderen Menschen und erschwert Ihnen unabhängiges Handeln. Was als Kind mangels Alternativen Sinn machte, kann sich im Erwachsenenalter sehr hinderlich auswirken. Ein negatives Selbstbild verunsichert uns in der Tiefe unserer Seele, es schädigt unseren Personkern. Manche Menschen fühlen sich, aus welchen Gründen auch immer, minderwertig. Skriptsätze können dazu beitragen. Andere reagieren auf die gleiche Verunsicherung der eigenen Person mit übertriebener Selbstdarstellung. Was beide Persontypen verbindet, ist ihre innere Verunsicherung. Ihr Verhalten funktioniert dem entsprechend wie eine Tarnung. Das eigene Ich tritt nicht hervor, sondern wird verborgen. Intuitiv erleben wir solche Menschen und gegebenenfalls uns selbst, als nicht echt, als nicht authentisch. Die Persönlichkeit wirkt auf Außenstehende maskenhaft, undurchsichtig und als persönlich Betroffene fühlen wir uns gestresst.

Einen Tick zu viel, einen Tacken zu wenig

Ein Mann betritt eine Tierhandlung, um einen Papagei zu kaufen. Der Verkäufer zeigt die drei vorrätigen Exemplare: „Dieser Papagei kostet 1.000 Euro, er spricht perfekt deutsch und englisch. Dieser Papagei kostet 2.000 Euro, denn er spricht gleich vier Sprachen fließend. Und dieser Papagei kostet 3.000 Euro." – „Der sieht aber so mickrig aus. Was kann er denn?", fragt der Kunde. – „Das habe ich noch nicht herausgefunden, aber die anderen beiden sagen immer `Chef` zu ihm".

Sich selbst vertrauen und für die eigenen Belange einzustehen, beeindruckt andere Menschen. Achtung vor uns selbst und anderen fördert die Achtung, mit der uns Kollegen, Freunde und Familienmitglieder begegnen. Innere Unsicherheit bewirkt, dass wir uns quasi vor anderen verstecken und allen schwierigen Situationen entfliehen möchten. So vermeiden wir beispielsweise ein Streitgespräch oder eine Auseinandersetzung und räumen stattdessen das Feld. Entgegen besseren Wissens vielleicht, beginnen wir

Menschen abzuwerten, verhaspeln uns beim Sprechen und scheuen uns, die eigene Meinung zu äußern. Wir stimmen Wortführern zu und fühlen uns zugleich unwohl, sind ängstlich und bagatellisieren die eigenen Interessen, harmonisieren immerzu, ordnen eigene Bedürfnisse denen anderer unter. Sie gehen immer den unteren Weg und fühlen sich (anschließend) schrecklich unwohl und schuldig, wenn Sie doch einmal die Konfrontation wagen. Andere Menschen, mit sehr ähnlichen Erfahrungen, haben eine andere Strategie entwickelt, damit umzugehen. Sie sind geübt und geschickt darin, ihr Gegenüber durch Worte oder Verhaltensweisen zu kontrollieren.

Konstruktive Durchsetzungsfähigkeit verzichtet auf Manipulationen des Gegenübers. Denn haben Leute erst einmal die hinter einem Verhalten steckende Verunsicherung entdeckt, macht sie das angriffslustig oder sie organisieren am Arbeitsplatz und in der Familie versteckten Widerstand. Bis es zum offenen Eklat kommt, kann es sehr lange dauern. Doch früher oder später stemmt sich die Umwelt gegen die Last fortwährend dargestellter Minderwertigkeit bzw. vorgeblicher Stärke. Das Kartenhaus bricht in sich zusammen.

Beide Strategien, die der Minderwertigkeit und der Überwertigkeit, dienen unbewusst der Festigung und dem Schutz der eigenen Persönlichkeit. Und beide beschwören im Umgang mit dem Partner, den Kindern, dem Arbeitgeber und Nachbarn oder im Verein kritische Situationen herauf. Ein stabiles Selbstwertgefühl und die Bereitschaft zur Selbstbehauptung fordert Courage und meidet Überheblichkeit.

Die (un-)heimliche Macht der Glaubenssätze

Ein negatives Selbstbild spiegelt sich wider in destruktiven Lebenssätzen. Sie untergraben das Selbstwertgefühl. Je häufiger gehört, desto nachhaltiger und je dramatischer vermittelt, desto tiefsitzender. Selbst wenn es uns gelingt, dem positive Sätze entgegen zu stellen und wir es lernen, anders von uns zu denken, wird uns das innere Drehbuch immer wieder einmal ins Gehege kommen. Gehen Sie daher gnädig mit sich um. Kein Mensch kann sich völlig drehbuchfrei bewegen. Aber schauen wir uns einige solcher Lebens- und Grundsätze genauer an.

> „Familiäre Angelegenheiten gehen niemanden etwas an."
> "Zeige allen, dass du etwas besseres bist!"

„Gott sieht alles!"
"Traue anderen nicht über den Weg!"
„Bleibe völlig unabhängig, dann bist du auch niemandem zu Dank verpflichtet!"
„Glück und Erfolg muss man sich im Leben verdienen!"
„Wenn du keine Widerworte gibst, ersparst du dir Ärger und man lässt dich in Ruhe."
„Religion ist nur etwas für Schwache!"

Die inneren Kritiker

Verinnerlichte Skriptsätze machen uns ein Leben lang zu schaffen. Als „Innere Kritiker" drängen sie sich immer wieder in das eigene Denken und Fühlen. Achten Sie deshalb auf Ihre gedanklichen Selbstgespräche. Wenn in Ihren Gedanken Verdammungssätze und Selbstverurteilungen umher spuken, setzen Sie dem Spuk ein Ende. Springen Sie sich selbst helfend zur Seite und übernehmen Sie die Regie in Ihrem Leben. Das können Sie üben. Die „Inneren Kritiker" drücken Verbote in Glaubenssätzen aus. Sie erklären scheinbar, wie die Welt und ihre Menschen funktionieren, leiten uns aber oftmals in die Irre. Bevor wir jedoch daran gehen, die eigenen Skriptsätze zu verändern, lohnt es, den ursprünglichen Sinn zu begreifen, weshalb sie uns vermittelt wurden. Oft geschah das in guter Absicht. Sie waren als pädagogische Maßnahme gedacht, um mit ihrer Hilfe das Leben bewältigen zu können und um mit anderen Menschen klar zu kommen. Nicht selten wurden sie aber auch erfunden, um den Erziehungspersonen ihr Leben zu erleichtern. Häufig werden sie über Generationen hinweg weitergegeben und viel zu selten werden sie hinterfragt.

„Sei nicht du selbst!", warnt eine innere Stimme. „Sei lieber jemand anderes" „Was werden die Nachbarn sagen?" „Was wird im Freundes- und Bekanntenkreis gesprochen?" vergrault Ihnen Ihr innerer Kritiker das Leben. Sind Ihnen solche Sätze aus der Familie von Kindheit an vertraut, glauben Sie vielleicht daran, dass eine eigene Meinung zu äußern, gefährlich ist. Dabei kann Ihnen Ihr Verstand in einer ruhigen Minute durchaus gegenteilige Argumente liefern. Doch Sie kommen vom alten, angepassten Muster nicht los. Sie sind sich Ihrer selbst ungewiss, verstecken sich im Büro hinter der Autorität des Chefs und lassen lieber andere für sich Entscheidungen fällen, sogar wenn sie Ihre eigenen Interessen betreffen.

„Werde nicht erwachsen!", klingt es vielleicht in Ihrem Kopf. Ursprünglich wurde die Botschaft womöglich von der Mutter ins Bewusstsein eingepflanzt. Aus der

Furcht, ihr einziges Kind, könnte sie ebenso verlassen wie der Ehemann. Heute, viele Jahre später, haben Sie Hemmungen, attraktiv oder gar sexy daher zu kommen. Sie erfüllen die Rolle der Unberührbaren, sind vieler Leute Freundin, verhalten sich aber wie deren Spielkameradin. Als Junge sind Sie vielleicht von der gleichen Botschaft geprägt worden, und heute als erwachsener Mann sind Sie unsicher im Umgang mit dem anderen Geschlecht, geben beim Stammtisch den ewigen Spaßvogel. Ihre Partnerin sucht in Ihnen vergeblich ein ernstzunehmendes Gegenüber.

„Wann wirst du endlich vernünftig?" nimmt die Stimme des inneren Kritiker andere Frauen und Männer in Beschlag. Eine unbeschwerte Kindheit gab es nicht, denn schon sehr bald sollten Sie kein Kind mehr sein. Möglicherweise gab es kaum Möglichkeiten, mit Gleichaltrigen zu spielen, ausgelassen zu sein und neugierig. Statt dessen mussten Sie sich ständig im Haus nützlich machen, auf die jüngeren Geschwister aufpassen, die kränkliche Mutter ersetzen oder den fehlenden Mann im Haus, weil Vater ständig betrunken war. Viel zu früh mussten Sie Verantwortung übernehmen und heute, wo sie ein Erwachsener sind, versuchen Sie verzweifelt, den Spaß am Leben zu finden. Aber eigentlich wissen Sie gar nicht, wie sich Freude anfühlt und in Gesellschaft wirklich fröhlich,

sind Sie nie. Entspannung bleibt ein Fremdwort und gelöst durch den Tag oder eine ganze Woche zu treiben, gelingt Ihnen sogar im Urlaub nicht.

„Gehör nicht dazu!" folgt als Skriptsatz dem Gebot, das schwarze Schaf der Familie oder der ewige Außenseiter zu sein. Sei anders als die anderen Kinder, sei schüchtern, schwierig, fromm, wild, artig, klug. Ganz gleich, was es gewesen sein mag. Jedenfalls sollten Sie anders sein, etwas ganz Besonderes. Das konnte verlangen, nur Produkte aus ökologischem Anbau zu essen oder die Vorschrift, niemals in der Schule abzuschreiben und natürlich auch keinen Klassenkamerad abschreiben zu lassen. Nicht dazu zu gehören, war damals Ihr (ungeliebtes) Markenzeichen und es wuchs sich aus, ließ Sie zum erwachsenen Sonderling werden. Heute wird die Nase entweder sehr hoch getragen oder der Kopf unterm Arm. Die Rolle des überheblichen oder unsicheren Außenseiters bestimmt das innere Drehbuch. Alles womit man sich abgrenzen und seine Fremdheit gegenüber anderen auszudrücken vermag, ist diesem Muster willkommen. Intellektuelle Überlegenheit, persönlicher Glaube, politische Verbohrtheit tarnen den früh erworbenen negativen Einfluss ganz besonders erfolgreich.

„Fühle nicht!" bereitet ein anderes Lebensmotto gro-

ße Not. Nähe wurde in der Ursprungsfamilie nicht zugelassen, Berührungen mussten Sie sich stehlen, herzliche Umarmung gab es ebenso wenig wie Tränen oder Lachen. Gemütsbewegungen und Empfindungen wurden verborgen gehalten. Angst zu zeigen, war verpönt, der Wunsch nach Zärtlichkeit galt als weichlich, Sexualität war ein Tabuthema oder kam erzwungen und beraubend vor. Künste und Musik galten als überflüssig. Heute fehlt Ihnen womöglich das Gespür für Ästhetik und Ihr Körper ist Ihnen fremd geblieben. Er interessiert Sie auch nicht sonderlich, solange er funktioniert und Sie funktionieren. Sex bedarf Ihrem Empfinden nach keiner verlässlichen Bindung an den Partner. Von einer Beziehung erwarten Sie nicht viel mehr als ein wenig Spaß. Für das was Sie empfinden, finden Sie keine Worte und die Frage nach Ihren Gefühlen macht Sie gelegentlich richtig ärgerlich. Die Antwort will sich einfach nicht finden lassen. Irgendwie leben Sie mit sich, aber Sie sind nicht bei sich zuhause.

Original statt Blaupause

Unsere Skriptsätze müssen wir nicht komplett aus dem Leben kippen. Es geht auch nicht. Das ein und andere kann gerne bleiben. Doch die Sätze, die innere Dialoge hervorrufen, mit denen wir uns selbst niedermachen, an uns herumnörgeln, uns selber mit Vorschriften überhäufen, sollen verstummen. Immer müssen wir unsere Lebenssätze der Wirklichkeit anpassen und nicht umgekehrt das tatsächliche Leben den Glaubenssätzen. Denn die Lebenswirklichkeit spielt nicht entsprechend unseren inneren Drehbüchern. Die Stimme des inneren Kritikers darf nicht das letzte Wort behalten. Leitsätze wie „In unserer Familie gibt es keine Verlierer" oder „In unserer Familie ist der Älteste immer schon Anwalt geworden", haben Sie möglicherweise von Ihrem eigenen Kurs abgebracht. Überlieferte Lebensentwürfe, „Die Firma ist seit Generationen in Familienbesitz und das wird auch so bleiben", können gefangen nehmen. Oder war es ganz einfach das große Geld, das Sie lockte, die herausfordernde Aufgabe, die Sie unbedingt wollten, der Chef, der sie hoffierte, der Bekannte, in dessen Firma Sie aus Freundschaft einstiegen, die Clique, der Verein, die religiöse Gemeinschaft, in deren Traditionen mitzuschwimmen, der bequemste Weg war. Ihre Berufs- und Partnerwahl, Ihre soziale Einbettung und Ihre religiöse Prägung waren möglicherweise Pläne, die Sie nicht selber entworfen haben, sondern die Sie zu erfüllen suchten. Doch wo Sie heute stehen, wie Sie sich heute verhalten, können Sie nicht dem Zufallsspiel des Lebens zuschreiben.

Das Fremde in mir

Möchten Sie sich Ihre Individualität bewahren, haben Sie sich Großes vorgenommen. Der allseitige Pluralismus unserer Gesellschaft fordert die beständige Bewahrung Ihrer eigenen Überzeugungen und persönlichen Note heraus. Wollen Sie nicht im kollektiven „Wir" und in dem was „man" so denkt, „alle" meinen und „jeder" glaubt haben zu müssen, untergehen, brauchen Sie Rückgrat. Auch um sich dem Zwang zu widersetzen, alles positiv sehen zu müssen oder der Sorge, uninformiert zu wirken, nicht up to date zu sein. Es braucht innere Stärke, sich der ständigen Erreichbarkeit durch Smartphone und E-Mail zu entziehen und der dauernden Beobachtung durch soziale Netzwerke, cleverer Werbestrategen und Konsumforscher. Deshalb ist Selbstklärung so wichtig. Was macht meinen Charakter aus? Wovon bin ich fest überzeugt? Was sind meine Werte, welchen Idealen folge ich mit meinem Verhalten?

„Ich wäre gern anders, ich wäre gern ich." Vielleicht ist das ein Satz, der Ihnen sehr nahe liegt. Irgendwie sind Sie mit sich selbst nicht eins. Manchmal stehen Sie sich selbst wie einem Fremden gegenüber. Was Udo Lindenberg in seinem Lied besingt, könnten Sie von sich sagen: „Du machst hier gerade mit einem

Bekanntschaft, den ich genausowenig kenne wie du." Und: „Eigentlich bin in ich ganz anders, ich komme nur viel zu selten dazu."

Entscheidende Voraussetzung für ein stabiles Selbstbild ist dessen Verknüpfung mit einem positiven Selbstwertgefühl. Vielleicht haben Sie viel zu oft Sätze gehört wie diese: „Das macht man nicht!", "Blamier unsere Familie nicht!" oder auch „Das kannst du doch besser", „Schau mal, was dein Freund kann", „Wie nett deine Freundin ist". Vielleicht war es im Urteil Ihrer nächsten Bezugspersonen nicht genug, was Sie leisteten, unpassend, wie Sie sich verhielten, peinlich, wie Sie aussahen oder was auch immer. Immer stimmte etwas nicht mit Ihnen, immer störten Sie irgendwie, immer waren Sie der Sündenbock, das schwarze Schaf, das Sorgenkind. Oder Sie mussten zuhause den „Retter" der elterlichen Ehe geben, die Babysitterin der Geschwister, den Hausmeister, die Putzfrau, den Ausputzer oder den Prellbock machen. Diese Zuschreibungen laufen Ihnen heute im alltäglichen Umgang mit Menschen hinterher. Darüber verunsichert, nehmen Sie sich selbst nicht wichtig. Da Ihre Gefühle früher nichts zählten und keine Berücksichtigung fanden, weshalb sollten sie heute von Bedeutung sein? Wenn früher Gefühle nur Probleme machten und es besser war, einfach zu funktionieren, weshalb heute damit anfangen, den eigenen Gefühlen und denen anderer Menschen Wert beizumessen?

Unser Verhalten ist nicht zufällig so wie es ist. Es ist das Resultat unseres Denkens, Glaubens und unserer Überzeugungen. Es ist das Ergebnis unserer inneren Einstellung uns selbst, der Umwelt und unseren Mitmenschen gegenüber. All das ist mit Emotionen verbunden und Gefühle sind nicht schnell veränderbar. Aber es ist doch möglich. Das Handeln und Denken können wir verändern, wenn wir wollen, und das hat Einfluss auf unser Empfinden. Trauen Sie sich, anders zu denken und zu sein, als es von Ihnen erwartet wurde oder erwartet wird! Rechnen Sie damit, dass darüber nicht alle begeistert in die Hände klatschen werden? Mit dieser Erwartung liegen Sie richtig. Niemand liebt tiefgreifende Veränderungen, wir selber nicht und die anderen auch nicht. Deshalb braucht es Mut, sich anderen zuzumuten, denn sie werden die Veränderung bemerken. Und sie werden darauf reagieren. Sollten Sie es deshalb sein lassen und gar nicht erst mit Ihrem persönlichen Entwicklungsprogramm beginnen? Keinesfalls! Denn erst wenn Sie sich zu sich kehren, kann herauskommen, was in Ihnen steckt.

Also, was macht die Libelle am Nordpol? Sie prüft, was an ihrem Flugplan nicht stimmte!

Welche Skriptsätze sind Ihnen aus der eigenen Biografie vertraut, weil sie in Ihrem Umfeld immer wieder genannt wurden?

_____

_____

Wenn Sie an Ihre Eltern, Großeltern, Lehrer oder andere prägende Bezugspersonen denken. Welchen Skript- oder Glaubenssatz würden Sie auf deren Grabstein setzen?

_____

_____

Welches Motto soll über Ihrem Leben stehen?

_____

_____

Wer bin ich?
Listen Sie mit jeweils einer Aussage einige Ihrer biografischen Merkmale, wie z.B. Geschlecht, Alter, Beruf, Familienstand, Geschwister ...

1 _____

2 _____

3 _____

4 _____

5 _____

6 _____

Was macht mich aus?
Nehmen Sie (nicht weniger als) sieben unbeschriebene Zettel oder Karten zur Hand und notieren Sie auf jeweils einer Karte solche Motive und Überzeugungen, die für Sie in beruflicher und persönlicher Hinsicht kennzeichnend und prägend sind. Zum Beispiel: finanzielle Unabhängigkeit, beruflicher Erfolg, Furchtsamkeit, Ehrlichkeit, gute Nachbarschaft, Sicherheitsstreben, Freunde, Status(symbole). Sie können auch

persönlichen Lebenssätze oder Leitlinien auf die Karten schreiben. Zum Beispiel: „Lieber wenig mit Glück als viel mit Leid", „Lieber den Spatz in der Hand als die Taube auf dem Dach", „Ich bin halt so, wie ich bin." ...

Karte 1 _____

Karte 2 _____

Karte 3 _____

Karte 4 _____

Karte 5 _____

Karte 6 _____

Karte 7 _____

Ordnen Sie jetzt Ihre beschriebenen Karten, indem Sie unterscheiden, welche davon a) ein positives und welche b) ein negatives Selbstwertgefühl repräsentieren, und welche Antworten c) ihr Lebensgefühl eher unwesentlich beeinflussen.

Ordnen Sie Ihre Karten
positiv für mein Selbstwertgefühl:

_____

negativ für mein Selbstwertgefühl:

_____

unwesentlich für mein Selbstwertgefühl:

_____

Schauen Sie sich nochmals alle Ihre Antworten an und stellen Sie sich vor, Sie würden auf eine der darauf geschriebenen Aussagen verzichten. Welche Auswirkungen hätte das? Sie können Ihre Gedanken hier festhalten.

_____

_____

_____

_____

Motive, Werte, Lebenseinstellungen und Lebenssätze können sich förderlich oder hinderlich auswirken. Sie entscheiden, welche zu Ihnen gehören sollen!

Dieses Kapitel befasste sich mit der Bedeutung Ihrer Bedürfnisse und Gefühle und damit, wie Sie Ihre inneren Kritiker besser verstehen können.

Wie sehr betrifft Sie die geschilderte Thematik?

Merke: Lebenssätze können umgeschrieben werden!

Was macht das Chamäleon auf der kariert gepunkteten Streifentapete?

> *Dieses Kapitel befasst sich mit dem Thema Ansehen und damit, wie weit Sie Ihren inneren Antreibern folgen wollen.*

Explosionsgefahr

„Was macht ein Chamäleon auf einer kariert gepunkteten Streifentapete? Es nimmt Streifen an. Was macht ein Chamäleon auf einer karierten Tapete? Es nimmt Karos an. Und was macht ein Chamäleon auf einer kariert gepunkteten Streifentapete? - Es explodiert!"

Der Witz bei der Sache ist, für Sie ist es vielleicht nicht mehr witzig. Genau so fühlen Sie sich nämlich, wie kurz vor dem Explodieren! Zu viele Anforderungen stürzen auf Sie ein. Ihr Chef wartet auf Ihre Ausarbeitungen zur Akte Schmitz, während ihr Abteilungsleiter die Akte Müller ganz nach oben gelegt hat. Der Hund muss raus Gassi gehen, aber ihr schreiender Säugling hat ein ganz ähnliches Bedürfnis und sollte sehr zeitnah gewickelt werden. Gerade hätte Sie jemand mit dem Auto fast vom Rad geholt, aber in wenigen Minuten erwartet das Planungsteam von Ihnen Anweisungen und will wissen, wo es lang geht. Manchmal könnten Sie explodieren! So widersprüchlich sind die Interessen und so wenig sind alle Erwartungen unter einen Hut zu bringen.

Das Chamäleon auf der kariert gepunkteten Streifentapete

wird
_____

darf
_____

sollte
_____

Beantworten Sie bitte folgende Frage: Welche Bedeutung hat der Begriff „Ansehen" für Sie? Schreiben Sie auf die nachfolgende Zeilen Stichworte, die Sie mit dem Begriff verbinden, wie zum Beispiel Ehre, Selbstdarstellung, Schein oder Sein ...

_____

_____

_____

Wann ist gut gut genug?

Innere Antreiber versprechen Erfolg und Selbstbestätigung. Sie bestimmen wesentlich unseren persönlichen Verhaltensstil und die Art, wie wir im Berufsleben unseren Mann und unsere Frau stehen. Dabei wirken sie nicht immer negativ. Erst in ihrer Übertreibung, in der übermäßigen Voranstellung ihrer Ideale liegt bei den inneren Stressverstärkern der Schaden. Unterstützen sie vorhandene Ressourcen und Befähigungen, können sie durchaus positiv genutzt werden. Dazu bedarf es aber einer klar umgrenzten Vorstellung der beabsichtigten Ziele. Und es benötigt bewusste Entscheidungen für ein Verhalten, das dem Erreichen dieser Ziele dient. Haben wir keine Vorstellung von unseren Zielen und entscheiden wir uns nicht bewusst im Sinne der Zielvorgabe, erfüllen die inneren Antreiber ihr Versprechen von Erfolg und Ansehen nicht. Besonders deswegen nicht, weil sie kein Maß kennen. Absolut gesetzte innere Antreiber lassen unbeantwortet, wann gut gut genug ist. Entmutigende Bilder und nörgelnde Stimmen in unserem Kopf entfremden uns unserer selbst. Einer dieser Antreiber lautet schlicht „Sei perfekt!"

Sei perfekt!

Tief ist das Denken in uns verwurzelt, nur wer perfekt sei, werde von seiner Umwelt geachtet und geschätzt. Nach dieser Auffassung zählt nur volle Leistung. „Ich muss um jeden Preis besser sein als andere." Die Berufswahl wird von diesem Gedanken geprägt, ein hohes soziales Prestige wird angestrebt. Ist das Ziel erreicht, stellt man oft traurig fest, dass der Beruf, eigenes Haus und hohes Ansehen das Bedürfnis der Seele nach Annahme nicht auszufüllen vermögen. Es ist eine Binsenweisheit wenn wir feststellen, dass auch überaus erfolgreiche Leute nicht automatisch glücklich und zufrieden sind.

Gute Selbstorganisation paart sich häufig mit Sinn für Korrektheit, Ehrlichkeit und Fleiß. Doch ein zu viel an

Korrektheit ist Pedanterie, ein zu viel von Ehrlichkeit drückt sich in der sogenannten Erbsenzählerei aus und zu viel Fleiß mündet in selbstgewählter Sklaverei. Perfektionismus konterkariert das Ziel optimaler Ergebnisse spätestens dann, wenn die Fähigkeit, Prioritäten zu setzen, verschwindet. Weil unter diesem Antreiber wirklich alles nach perfekte Ausführung verlangt, steht an seinem Ende nur noch Überforderung. Denn Perfektionismus erfordert kompromisslos ein Höchstmaß an Arbeitseinsatz und Zeitinvestition. Tatsächlich bleibt es aber immer wieder einmal bei unfertigen Projekten, was unter der Vorschrift perfektionistischer Selbstanforderung die Höchststrafe verdient. Im zwischenmenschlichen Miteinander werden dann Vorschläge und alternative Lösungsideen als herabwürdigende Kritik aufgefasst. Betroffene fühlen sich angegriffen und erleben sich als gefährdet. Die angestrebte Unantastbarkeit steht in Gefahr, verloren zu gehen. Droht Misserfolg, setzt massiver Stress ein. Perfektionistisches Leistungsverhalten versucht, Fehler unter allen Umständen zu vermeiden. Nun werden im Privat- und Arbeitsleben Sorgfalt und gewissenhafte Arbeit durchaus geschätzt. Niemand wünscht sich, dass beispielsweise die Montage der Winterbereifung ohne Sorgfalt durchgeführt wird oder der Chirurg einen medizinischen Eingriff nachlässig vornimmt. Problematisch wird es, wenn sich das Perfektionsstreben in alle Lebensbereiche ausdehnt. Dann sind die Wirkungen verheerend, weil das über kurz oder lang in eine Sackgasse führt. Familiensysteme leiden besonders stark darunter, Partner und Kinder zumal, weil soziales Miteinander Toleranz erfordert und Familienleben Perfektion ausschließt.

Perfektionsstreben gleicht einem Balanceakt. Wagen wir dazu ein Experiment! Stellen Sie sich eine Magnettafel vor, auf dem Sie eine große Anzahl von Glasmurmeln balancieren. Schon wenn Sie die Magnettafel still halten, müssen Sie genau hinschauen, damit keine der Glaskugeln herrunter rollt. Nun gehen Sie damit umher. Da fällt es schon nicht mehr so leicht, alle Kugeln auf der Magnettafel zu behalten. Wenn Sie jetzt noch zusätzlich versuchen, Hindernisse zu umlaufen oder den Blick von der Magnettafel in Ihren Händen abzuwenden, geschieht das Unvermeidliche. Die Glasmurmeln purzeln, eine nach der anderen, auf den Boden. Verstehen wir den Sinn des Vergleichs. Die Magnettafel, die es in Balance zu halten gilt, repräsentiert die Ebene, auf der sich unsere alltäglichen Handlungen und Aufgaben vollziehen. Stellvertretend für das Vielerlei, das es zu tun und zu organisieren gilt, stehen die Glaskugeln. Der Alltag stellt uns vor die Aufgabe, die vielerlei Anforderungen, die auf uns einwirken, unter Kontrolle zu behalten. Nehmen die

Herausforderungen immer weiter zu, will das irgendwann einfach nicht mehr gelingen. Wenn das offensichtlich kein Weg ist - was dann? Wir müssen, im Bild der Murmeln auf der Magnettafel bleibend, die Ebene wechseln. Weg von der Handlungsebene, auf der zählt, was wir vorzuweisen haben, hin zu dem, was wir sind. Fort von der Ebene des jeweiligen Geschehens, hin zu der Ebene des existenziellen Sein, weg von dumpfer Vorschrift, hin zu bewusst gelebtem Leben. Statt der auf der Magnettafel umherrollenden Glasmurmeln, die es fortwährend zu kontrollieren gilt, können wir zu einer andauernden Gelassenheit finden. Vergleichbar Magneten, die an der Magnettafel haften bleiben und auf die man nicht ständig aufpassen und ein Auge haben muss. Gewissheit gibt Halt. Gelassenheit ist der Magnetismuseffekt, auf den es ankommt!

Sie haben auf so Vieles verzichtet, sich so viel verboten, sich selbst so intensiv überwacht, dass nur wenige Ihrer Murmeln je von der Magnettafel rollten. Aber kennen Sie auch den Halt unbedingter Annahme? Ein Gedanke ist verbreitet: Wem es gelingt, alles zu kontrollieren, der braucht sich nichts mehr schenken zu lassen. Kontrollstrebende lassen sich nichts schenken und haben auch nichts zu bereuen oder zu vergeben. Zugleich erleben wir uns unter dieser Prämisse in der Tiefe unserer Persönlichkeit als nicht angenommen. Und selbst wenn wir im persönlichen Fühlen und Denken auf der tieferen Ebene unserer Existenz ankommen, ist auf der Handlungsebene nicht schlagartig Ordnung hergestellt. Gehen wir ehrlich mit uns um, bleibt immer ein „Dennoch" erforderlich. Ich bin nicht perfekt, dennoch mag ich mich. Ich habe mich ungeschickt angestellt, dennoch stehe ich zu mir mit meinen Fehlern. Ich habe manchmal Angst vor der Zukunft, dennoch stelle ich mich jeden neuen Tag den auf mich zukommenden Herausforderungen. Die geeignete Antwort auf unsere Beschränkungen trägt nicht das Merkmal des „Weil" - weil ich alles im Griff habe und weil ich so gescheit, attraktiv oder überlegen bin, kann ich zu mir stehen. Denken wir so über uns, befassen wir uns intensiv mit unseren Murmeln. Immer bemüht, alles im Gleichgewicht zu behalten. Oder, gelingt das nicht, wollen wir das Leben einfach von uns werfen, denn wir spüren den Halt gebenden Magnetismuseffekt nicht. Doch genau da setzt die Kernsanierung unserer Persönlichkeit an.

Sei beliebt!

„Sei beliebt!" ist ein anderer innerer Stressverstärker. Im Hintergrund führt er den Wunsch nach Zugehörigkeit, Angenommensein und Liebe mit sich. Großes Einfühlungsvermögen für die Situation anderer schwächt den Mut, sich deren Erwartungen zu entziehen und etwaigen Bitten auch einmal mit einem „Nein" zu begegnen. Davon betroffen, gibt es für Sie nur wenig Spielraum zur persönlichen Abgrenzung. Ihren eigenen Standpunkt geben Sie eher zu Gunsten der Integration in eine Gruppe, Gesellschaft oder ein Sozialgefüge auf. Beim inneren Antreiber, der danach strebt, es allen recht zu machen, fließt die Lebensenergie nicht wie beim Perfektionisten in Projekte und Aufgaben, sondern zu anderen Menschen hin.

Erleben Sie Ablehnung, Kritik und Zurückweisung als belastend und bedrohlich? Ebenso Konflikte, Meinungsverschiedenheiten oder Streit? So wichtig es ist - und ein Erfordernis im Umgang mit anderen Menschen - Zugeständnisse zu machen, so unverzichtbar ist es, für sich selber und eigene Bedürfnisse einzutreten. Können Sie Ihr Eigeninteresse nicht angemessen ausdrücken, finden Sie nicht zu Ihren Zielen. Schwächende, zurücknehmende Ich-Botschaften liegen dann näher. Statt zu sagen, was Sie wollen, entfliehen Ihrem Mund dann Formulierungen, die erklären, was Sie nicht wollen. So sehr sind Sie daran gewöhnt, dass Ihnen Ihre Vorsicht schon nicht mehr auffällt. Eine an Sie gerichtete Einladung kann dafür bereits ein Beispiel geben. Der Gastgeber bietet Ihnen einen Kaffee an. Obgleich Sie keinen Kaffee mögen, nehmen Sie gefällig lächelnd an - zum Unverständnis anwesender Personen, die um Ihre ausgeprägte Abneigung gegenüber Kaffee wissen. Die Summe solcher Reaktionen vermitteln der Umwelt das Bild eines immer netten, aber nicht ganz ernst zunehmenden Gegenübers. Auf Dauer ernten Sie statt erhoffter Aufmerksamkeit Gleichgültigkeit. Was wäre dabei gewesen, dem Gastgeber zu antworten: „Nein Danke, aber einen grünen Tee nähme ich gerne."?

Ein Elefant und eine Maus gehen ins Kino, vorn sitzt die Maus, dahinter der Elefant. Nach einer Weile dreht sich die Maus um und fragt besorgt: „Siehst du auch etwas?" Achten Sie darauf, möglichst wenig Umstände zu machen und geht Ihre Rücksichtnahme so weit, dass Sie immer zuerst danach fragen, wie es anderen mit Ihrem Verhalten, mit Ihrer Meinung, Ihren Entscheidungen, Bedürfnissen und Wünschen geht? Erfüllen Sie gewohnheitsmäßig die Erwartungen anderer? Das baut enormen Druck auf! Kein Wunder, wenn Sie darüber unzufrieden werden und verärgert sind. Das fällt Ihnen auf und Sie leiden darunter. „Könnte ich doch besser für mich selber eintreten", denken Sie. „Hätte ich doch nur eine positivere Einstellung gegenüber mir selbst." „Darf ich denn nie Unterstützung aus meinem Umfeld erwarten?" Diese Gedanken lenken

Sie mehr und mehr in eine passive Haltung hinein. Denn was Ihnen an Lösungen angeboten wird, das was an Sie herangetragen und das was erwartet wird, muss nicht das sein, was Sie sich selber wünschen.

Mancher vermisst die Gemeinschaft verlässlicher, liebender Menschen. Das ist ein tiefer Schmerz und ein verborgenes Sehnen, sich frei und sicher unter Menschen bewegen zu können. Als soziale Wesen möchten wir einer Gruppengemeinschaft zugehören. Der noch größere Glücksfall ist ein Mensch, der genau uns sucht. Jemand, der seine Hilfe und Zuwendung an keinerlei Bedingungen knüpft. Was wir jedoch erfahren, ist häufig das genaue Gegenteil. Solche Menschen finden nicht den Weg zu uns und wir finden nicht den Weg zu ihnen. So warten Menschen auf Menschen, ohne dass einer den ersten Schritt täte. So bleibt die Begegnung ohne Happy End. Statt mit Liebe, begegnen wir einander mit Gesetzen und Verordnungen: Du darfst nicht! Du sollst nicht! Du bist falsch! Von Liebe hören und erfahren wir dabei nichts. Von Verboten und Vorschriften hören wir viel. Seelenlose Forderungen zwingen uns ihre Regeln auf. So festgelegt, finden wir den ersehnten Lebensraum nicht. Dazu zu gehören fordert augenscheinlich den Preis der Anpassung. Und so verlieren wir. Schnell ist gelernt zu tun, was andere, was jeder tut. Was es bedeutet, auf eigenen Beinen zu stehen, lernt sich so nicht. Aber ein Leichtes ist es, die Prinzipien seiner Umwelt zu den eigenen zu machen. So erkennen wir die Warnung nicht, dass diese Form der „Annahme" von Menschen noch schlimmer ist, als ihre Ablehnung zu erfahren. Schlimmer ist es, sich an die falschen Leute zu halten. Schlimmer ist, den eigenen Weg nicht zu suchen, weil es bequemer ist, dem der anderen zu folgen. Schlimmer ist es, wenn der Wunsch beliebt zu sein, zur Selbstaufgabe und zum Ende der Selbstbestimmung führt. Dann kommt die eigene Seele zu kurz. Ständig begleitet von dem Gefühl, nicht zu dem gefunden zu haben, was möglich gewesen wäre. Verändern können Sie diese Situation am besten selbst. Indem Sie sagen, was Sie wollen und Abstand von Menschen nehmen, die wollen, dass Sie tun, was diese fordern!

Sei schön und begehrenswert!

Den klassischen inneren Antreibern, dem Streben nach Selbstbestätigung (Sei perfekt!) und dem Wunsch nach Zugehörigkeit (Sei beliebt!), stellt sich in unserer Gesellschaft zunehmend die Sehnsucht nach Bewunderung zur Seite: „Sei schön und begehrenswert!" Die von Walt Disney geschaffene Comic-Figur Gustav Gans verkörpert die narzisstische Persönlichkeit par excellence. Unendlich eitel, unerträglich eingebildet und hoffnungslos selbstverliebt. Und das Schlimmste, Gustav Gans merkt selber nicht, wie peinlich er sich aufführt. „Celebrate yourself" ist sein Motto, dem heute viele folgen. Stets bemüht, sich gut zu verkaufen, sich darzustellen, die eigenen Vorzüge herauszukehren. Längst geht es dabei nicht mehr nur um auffallende Frisuren, maßgeschneiderte Anzüge, goldenen Schmuck und schnelle Wagen. Auffallen um jeden Preis, ist die Devise. Selbstdarstellung ist nicht nur auf TV-Kanälen, bei youtube und Facebook angesagt. „Sei schön und begehrenswert!", ist das erste Gebot medialen Star- und Körperkults. Sei beliebt und originell! Verkauf dich als Typ, mache aus dir eine Marke! Sei kontaktfreudig, sei erotisch, sei cool! Pflege dein Image! Doch am Ende von alledem steht eine große, unausgesprochene Warnung. „Sei auf der Hut!", damit niemand dein anderes Ich zu sehen bekommt, das du sorgfältig hinter einer Maske versteckst.

Sich selbst zelebrieren, das beginnt bereits im Kindergarten, setzt sich auf dem Schulhof fort, befördert später die Karriere, wie eine Studie an der Universität Leipzig ergab. Besonders von sich überzeugte Personen wirken beim ersten Kennenlernen auf die Kommilitonen sympathisch. Dieser positive Ersteindruck verbraucht sich allerdings rasch, wenn deutlich wird, dass die sozialen Kompetenzen dürftig sind. Von der Fachzeitung „Psychologie Heute" befragte Experten „... fürchten, bei so viel Selbstausdruck und Selbstdarstellung könnte die „Innenschau" zu kurz kommen. Eine frühere Forschung bestätigt diesen Eindruck. Sie hatte gezeigt, dass die Ich-Bezogenheit unter Studierenden zugenommen hat." (Psychologie Heute, März 2014, S.31) „Einen Sinn im Leben finden, nannten 86 Prozent der (US) Studierenden im Jahr 1967 als eine der für sie anstehenden Lebensaufgaben. Im Jahr 2012 tauchte dieser Wunsch, die Welt zu deuten und zu verstehen, nur noch bei 46 Prozent der Befragten auf." (ebd.) Vergleichbar dürfte die Situation an deutschen Schulen und Hochschulen sein. Beide Geschlechter und vor allem junge Menschen stehen im Bann der Selbstdarstellung. In der griechischen Mythologie ist Narzissus, der in sein Selbstbild verliebte Jüngling, kein Glückspilz! Er ist ein Bestrafter, der aus dem Gefängnis seines übertriebenen Egos nicht ausbrechen kann. Sein Gesicht im spiegelglatten Wasser betrachtend, entsetzt ihn dessen plötzliche Bewegung. Das Selbstbild verschwimmt und Narzissus stürzt sich in die todbringenden Fluten. Dem entgegengesetzt steht die großartige Freiheit, das hinter sich zu lassen, was uns nicht entspricht. Dann können wir so aufeinander zugehen, wie wir sind.

Sei immer positiv!

Unbestritten und durch manche wissenschaftliche Untersuchung dokumentiert, sind die körperlichen und psychischen Vorzüge einer optimistischen Lebenshaltung. Doch der Gute-Laune-Zwang widerspricht unserer Wirklichkeit. Immer „gut drauf" sein zu sollen, macht krank. Der Zwang zum Glücklichsein wird zu Last, weil er unseren Emotionsspeicher überfordert. Wir verdrängen das Unangenehme und verbergen voreinander, was uns zusetzt, ängstigt oder einschränkt. Die Fassade wird kultiviert. Ablenkungen durch Partys oder Abenteuer, in Kombination mit stimmungsaufhellendem Alkohol, mit Tabletten oder Adrenalinkicks, helfen eine zeitlang dabei. Doch ist es eine verführerische Illusion zu meinen, Leiden in Schach halten zu können, indem man sie sich nicht eingesteht und anderen nicht zeigt. In Deutschland werden jährlich rund neun Milliarden Euro für Motivationskurse, Persönlichkeitsseminare und Workshops ausgegeben, die den Kunden den Optimismus näher bringen sollen (Quelle: Die Gefahren des Gute-Laune-Zwangs. Spiegel online, 01.01.2011) Mittlerweile meldet sich aber auch Skepsis.

„Smile or die. (Lächle oder sterbe) - Wie die Ideologie des positiven Denkens die Welt verdummt", lautet ein Titel von Barbara Ehrenreich. Das Buch wurde ein Bestseller in den USA, da sich viele Menschen ernüchtert und enttäuscht vom Gute-Laune-Zwang abwenden. Die natürlichen Gefühle von Zorn und Hilflosigkeit stören, wo programmgemäß alles in rosarotem Licht erleuchten soll. Für Paare ist das eine besondere Gefahr. Verbergen Sie andauernd Ihre Gefühle wie zum Beispiel Ärger und meiden Sie jede Meinungsverschiedenheit, um die gute Stimmung zu bewahren? Wir bezahlen dafür mit absterbenden und ablehnenden Gefühlen. Stellen wir uns selbst immerzu als gut gelaunt und positiv gestimmt dar, stehen wir unter enormen Druck und werden anfällig für Sorgen und Ängste. Der Versuch der Selbstoptimierung zum Gefallen anderer, macht unzufrieden. Die Seele erschöpft sich, weil sie das Bittere und den Schmerz leugnen muss. Schließlich ist die Angst vor Konflikten und Trennung so groß, dass sich Paare tatsächlich auseinander leben.

Was macht das Herz froh? Von Piet van Bremen stammt der Satz: „Dankbarkeit ist der Schlüssel zum Glück. Man kann nicht dankbar und unglücklich zugleich sein." Dankbarkeit fördert die Bereitschaft, auch schlechte Gefühle zuzulassen. Bleibendes Selbstwertgefühl stellt sich da ein, wo wir lernen, mit uns selbst mitfühlend umzugehen. Das ist etwas anders, als immer gut drauf zu sein! Selbstmitgefühl erlaubt es, auch die negativen Emotionen, die in uns leben, wie Traurigkeit, Bitterkeit, Einsamkeit, Zweifel oder Zorn anzuschauen und anzunehmen. Empfinden zu dürfen, was wir wirklich fühlen, bereitet den Boden für ein frohes Herz. Fühlen wir nicht, was wir in uns spüren, schenken wir uns selbst keine Beachtung. Empfinden wir nicht, was sich im Herzen an Angst und Hoffnung bewegt, stehen wir uns selbst nicht nah. Selbstmitleid überwindet die Mutlosigkeit nicht, sondern führt immer tiefer in sie hinein. Mitgefühl mit der eigenen Seele lässt das Leid in uns zur Sprache kommen und bewahrt dadurch vor unfruchtbarem Schmerz. Immer „gut drauf" sein zu müssen, vertreibt nicht die Mutlosigkeit. Es hindert, das auszusprechen, was wirklich in uns ist. „Fröhlichkeit ist gut für die Gesundheit, Mutlosigkeit raubt einem die letzte Kraft." Diese alte biblische Weisheit ist wahr. Und Dankbarkeit macht froh.

Sei stark!

Bedeutet Fremdbestimmung statt Selbstbestimmung für Sie erheblichen Stress? Dann gehören Sie zu den Menschen, denen persönliche Autonomie und Unabhängigkeit sehr wichtig ist. Erheben Sie dieses

Motiv jedoch zur absoluten Forderung, werden Ihre Lebensräume eng, denn in völliger Selbstbestimmung zu leben ist unmöglich. Das ist am Arbeitsplatz besonders spürbar. Ein Angestelltenverhältnis, indem der Arbeitgeber Rechenschaft über die geleistete Arbeit fordert, ein Meister, der die Tätigkeiten des Lehrlings kontrolliert, Lehrer und Dozenten, die festgelegte Antworten zum Prüfungsziel setzen, füttern diesen Stressverstärker. Prüfungen und Situationen, in denen eine Abhängigkeit von anderen erlebt wird, lösen bedrohliche Empfindungen aus. Die Angst vor ernsthafter Erkrankung und eine durch Krankheit ausgelöste Hilfsbedürftigkeit, ist ein weiteres Schreckgespenst des „Sei stark!" Antreibers. Doch ist es nicht beinahe garantiert, dass wir einmal auf das Entgegenkommen und die Hilfe anderer angewiesen sein werden? Bereits eine ernsthafte Verletzung oder ein Krankenhausaufenthalt vermitteln die Erfahrung von Ohnmacht und Wehrlosigkeit. Wir haben nicht an uns selbst genug! Wir sind auf das angewiesen, was von außen auf uns zu und uns entgegen kommt. Essen und Trinken gehören dazu. Ebenso wie das freundliche Wort, ein wärmendes Feuer, ein Bett und ein Dach über dem Kopf. Immer sind wir bedürftig. Diese Einsicht widerspiegelt das alte Wort „Seele", das teilweise auch im deutschen Sprachraum als Synonym für „Leben" verwandt wird. Nefesh, das hebräische Wort für

Seele, bedeutet ebenfalls Hals, Schlund, oder Rachen. Ob der Hungrige Brot herunter schlingt, jemandem der Bissen im Rachen stecken bleibt, jemand sein Maul weit aufreißt oder den Hals nicht voll bekommen kann – immer ist der Mensch dabei als bedürftig erkannt. Von der Geburt an sind wir auf Hilfe und Pflege anderer angewiesen und am Ende unserer Lebenszeit wird es wieder so sein. Ein Besuch auf der Säuglingsstation oder in Altenheimen bestätigt uns diese Wahrheit. Wir sind eine lebendige, eine bedürftige Seele. Wir müssen es deshalb wagen, uns anderen anzuvertrauen. Das Muster, „Ich denke an mich, dann ist für mich gesorgt" ist wirklichkeitsfremd. Also: Will ich mir helfen lassen?

Finden Sie sich bei dem „Sei stark!" Antreiber wieder, machen Sie Ihre seelischen Belastungen, Sorgen und Ängste vermutlich am liebsten mit sich alleine aus. Hilfe anzunehmen oder um Unterstützung zu bitten, fällt Ihnen nicht leicht, ebenso wie Sie sich nicht gerne oder überhaupt nie anderen Menschen anvertrauen. Langfristig manövrieren Sie sich so in eine Erschöpfung hinein. Daran ändert auch überdurchschnittliche Leistungsfähigkeit nichts, die viele Personen mit diesem inneren Antreiber auszeichnet. Ihr Potenzial, Aufgaben kraftvoll anzugehen und Ihr Kampfgeist, Ihre Durchhaltekraft und Belastbarkeit gerät irgendwann an seine Grenzen. Sich seiner selbst bewusst zu sein und also auch die eigenen Grenzen zu kennen und zu akzeptieren, hängt unmittelbar mit unserem Selbstwertgefühl zusammen. Schauen wir uns den Begriff einmal etwas genauer an. Selbst-Wert-Gefühl: Der Terminus setzt sich aus drei Elementen zusammen. Es geht, erstens, um Ihr Selbst, also um Ihren Personenkern. Der steht in diesem Wort direkt neben dem Wert, den Sie sich selber zuschreiben. Und beides, Ihr Selbst und der Wert, den Sie sich selber zuschreiben, verbindet sich drittens mit dem, was Sie fühlen. Das Selbstwertgefühl ist demnach abhängig von der Art, wie Sie über sich selber denken, was Sie empfinden und wie Sie Verhältnisse und Situationen beurteilen. Aus diesem Grund ist das Selbstwertgefühl eine unstete, unsichere Lebensbasis. Besonders fragil ist es dann, wenn Sie überzeugt sind, Ihre Lebensberechtigung durch Stärke behaupten zu müssen. Machen Sie sich deshalb Ihren Eigenwert bewusst.

Ganz anders als ein Gebrauchswert, der sich durch seinen Nutzen (für andere) definiert, ist unser Eigenwert an keinerlei Bedingungen geknüpft. Achten Sie deshalb auf Ihre Ressourcen. Betrachten Sie Ihr (Arbeits-) leben auf lange Sicht. Gerade weil sie Freude an der Arbeit haben, sorgen Sie in guten Zeiten für ausreichend Freizeit und Spaß und suchen Sie freundliche menschliche Kontakte. So bleibt Ihre Stärke langfristig das Geschenk des Lebens an Sie, ohne dass Sie Ihre lebendige Seele, Ihre Bedürftigkeit leugnen müssten.

Beeil dich!

Zu viele Menschen erkranken an Burnout. Zu Beginn des Prozesses steht häufig das Gefühl, anderen Personen, Dingen und Anforderungen hinterher zu laufen und sich darüber selbst zu verlieren. Das persönliche Ansehen macht sich abhängig von der eigenen Leistungsfähigkeit, jedoch weniger von seiner Kraft her, als durch das, was man an Terminfülle und Zeitdruck vorzuweisen hat. Auch hier diktiert jeder neue Tag die über allem schwebende Verpflichtung, das persönliche Existenzrecht beweisen zu müssen. Deshalb wird auf ein hohes Aktionsniveau gesetzt, zur Aufrechterhaltung des Ansehens und zum Erhalt des Selbstwerts. Ärmel hochkrempeln, tun und schaffen ist die Devise. Sie möchten zu den Besten gehören und erfüllen deshalb die an Sie gestellten Anforderungen zu einhundertfünfzig Prozent? Dann übersehen Sie womöglich die Gefahr, die hinter einem Übermaß an Terminen und Anpassung steckt. Der Versuch der Selbstoptimierung macht unzufrieden, denn mit ihm drängt sich eine ständige Hast, ein Getriebensein und Konkurrenzdenken in jede Form beruflicher und privater Zusammenarbeit. Sie fühlen sich überfordert und versuchen dennoch, noch mehr Aufgaben in immer weniger Zeit zu erledigen. Der innere Wunsch abzuspannen, Ihrer Seele Luft zum atmen zu lassen, unterliegt immer wieder der „Ich muss doch!" Forderung Ihres inneren Antreibers. Auch das Talent hoher Effektivität kann schließlich nicht verhindern, dass sich mit der Eile und Überlastung auch Ungenauigkeiten einstellen, unnötige Fehler gemacht und Termine vergessen werden. Das Engagement ist hoch, aber es fehlen Gelassenheit, Entspannung und Ruhe.

Der Schleudergang steht im üblichen Programm Ihrer Waschmaschine am Ende. Zuvor ging es schon öfter ziemlich rund, hohe Drehzahlen wurden erreicht, dann mal wieder langsamer, dann wieder schneller – am Ende Schleudergang. Was bis dahin an Saft und Kraft noch in der Wäsche steckte, wird jetzt hinausgedrückt, mit einem schlürfenden Geräusch abgesaugt, um dann gurgelnd im Abfluss zu verschwinden. Wäsche aus der Maschine holen – fertig. Bald fertig ist mancher von uns auch, nur wir wissen es noch nicht. Der „Beeil dich!" Antreiber beschleunigt nämlich nicht nur das Arbeitsleben und den Alltag. Er setzt zudem Blockaden, die diese Entwicklung wahrzunehmen hindern. Hoher Idealismus treibt zu besten Leistungen an und nimmt den Ausverkauf der eigenen Kraftreserven in Kauf. Wenig Teamwork, wenig Erfolgserlebnisse, kaum Wertschätzung, verschärfen diese heimliche Gefahr. Daneben Leistungsdruck, Fehlen von Fairness und Respekt, kaum Veränderungs- und nur schmale Entscheidungsspielräume. In der Burnout-Literatur liest man: Der Teufelskreis beginnt mit dem Bedürfnis, sich zu beweisen, immer verstärkten Einsatz zu zeigen. Magenprobleme, Kopfschmerzen, Schlafstörungen, Unpünktlichkeit, vergessene Termine sind erste Anzeichen möglicher Überforderung. Reizbarkeit, Schwindel und das Verleugnen der aufgetretenen Probleme sind weitere Kennzeichen für den sich anbahnenden Prozess. Fürs Privatleben, für Partnerschaft, Freunde, andere Interessen habe ich später immer noch Zeit, vertrösten sich Betroffene. Über ihre innere Unzufriedenheit setzen sie sich hinweg, eigene Grenzen werden immer wieder überschritten.

Wer sich immer beeilt und mit voller Kraft und ganzem Elan einsetzt, treibt häufig ins Minus. Dem Engagement folgt die Erschöpfung, dem Applaus oftmals die Kritik, der Ehrung die Niederlage. Ist das Feuerwerk der Ideen und Einfälle erst einmal abgebrannt und bleibt die persönliche Bestätigung aus, spüren wir die Länge der Strecke unserer Arbeit und Aufgaben. Das Herz stolpert, das Interesse an sozialen Kontakten und das Einfühlungsvermögen nehmen ab. Liebe stirbt. Dann sind wir auf dem falschen Weg. Alles erscheint schließlich irgendwie sinnlos, wir werden zunehmend intolerant, besonders gegenüber den Fehlern anderer. Mutlosigkeit und ein Gefühl der Leere, traurig sein oder nicht mehr traurig sein können, Zynismus, Bitterkeit sind weitere Signalgeber. Mit einem Wort, es ist Zeit für Veränderung. Denn wir sind nicht nur Verstand und Körper, sondern auch Geist und lebendige Seele. Nicht nur funktionale, sondern auch emotionale Bedürfnisse wollen befriedigt werden. Das Meiste, das wir an menschlichem Glück erfahren, basiert auf Personen, die uns etwas bedeuten oder denen wir etwas bedeuten. Das ist das Größere, das Bedeutsame bei all dem vielen Kleinen, das uns klein kriegen will.

Mit der Bewältigung aktueller Lebenssituationen kommen wir keinen Schritt weiter, wenn wir uns aller Ruhezeiten und Entspannung berauben. Setzen wir dem „Beeil dich!" Antreiber kein Maß noch Ziel, beraubt er uns gesunder Beziehungen, die wir zum Auftanken unserer mentalen und psychischen Energiereserven unbedingt bedürfen.

Kontrolliere alles!

Der Wunsch nach optimaler Kontrolle über Menschen und Situationen, in Partnerschaft und Beziehungen, im Beruf, bei finanziellen Entscheidungen und vielem mehr, ist weit verbreitet. Je unsicherer wir uns fühlen, desto gewichtiger wird dieser Stressverstärker, desto unnachgiebiger meldet er sich zu Wort. „Vertrauen ist gut, Kontrolle ist besser" sagen viele. Wird das Kontrollmotiv und der Wunsch nach Sicherheit übermächtig und macht er auch vor der Zukunfts- und Familienplanung nicht Halt, erscheint bald das ganze Leben als ein großes Risiko. Die Freude verschwindet, die Sorgen nehmen überhand. Das kostet viel Zeit und Kraft. Natürlich, jede Entscheidung birgt Risiken. Sicher auch Chancen, aber sie werden durch den Versuch, alles zu kontrollieren, dunkel eingefärbt. Behalten Sie gerne die Übersicht und lieben Sie feste Ordnung? Dann gebietet das Unkalkulierbare vor allem Vorsicht und können Überraschungen nur negativ sein. Praktisch bedeutet das keine Begegnung ohne klare Zielbestimmung, keine Feier ohne Programm, keine Freizeit mit spontanen Elementen. Sie finden in dem Versuch, alles zu kontrollieren, nur sehr selten zu entspannter Freude und Gelassenheit. Die gewählte Enge verspricht Sicherheit, kann ihr Versprechen aber nicht einlösen. Was von dem, das jetzt still steht, könnte sich bewegen, wenn Ihr Sicherheitsbedürfnis etwas zurückgenommen wäre?

Das Motto ungezählter Kinohelden lautet: „Es kann nur einen geben". Es gibt nur Gewinner oder Verlierer. Top oder Flop! Doch wenn wir stets die Konkurrenz fürchten und in allem einen Machtkampf sehen, werden wir uns notgedrungen oft als Verlierer erleben. Wenn es wirklich nur einen geben kann, dann ist der geschäftliche Konkurrent kein Mitanbieter, sondern eine Bedrohung. Ausgleichend wirkt dem gegenüber der Mut zum kalkulierten Risiko. Zukunft lässt sich zwar nicht kontrollieren, aber vieles lässt sich planen. Die Angst, Chancen zu verpassen, fördert immer stärker das Streben nach Einfluss und Machtausübung. Mit jeder Entscheidung, die an uns vorbei läuft, mit jedem Schritt, den andere ungefragt tun, mit jeder Infragestellung von Vorschriften und Konzepten, schwindet die Hoffnung, die Kontrolle behalten zu können. Dem inneren Verlangen nach Macht folgt dann die Ruhelosigkeit, der Verlust innerer Gelassenheit und äußerer Spannkraft. Der Frust darüber sucht dann ein Ventil und findet es oft in Nörgelei und Vorwürfen gegenüber Mitarbeitern und Familienangehörigen. Auf der nächsten Eskalationsstufe entwickelt sich die Unzufriedenheit zu einem Strudel aus Klage, Anklage und Enttäuschung. Dann ist es an der Zeit, die eigenen Kontrollambitionen zu hinterfragen und zu korrigieren. Andernfalls gewinnt schließlich ein unerbittliches Angstgefühl die Oberhand.

Der Glaube an und das Bemühen um eigene Stärke ist oft dem Versuch geschuldet, sich gegenüber Gefühlen zu immunisieren. Stärke und auch Härte gegen sich selbst stemmt sich ihnen entgegen, als Schutz vor Empfindungen wie Schmerz, Trauer, Lust und Sorge. Das hat Auswirkungen. Wenn Gefühle zu zeigen tatsächlich gefährlich ist, ist es unwahrscheinlich, dass wir das Empfinden und den Ausdruck bewegter Gefühle begrüßen. Doch abgetrennt von unseren Gefühlen, Sehnsüchten, Hoffnungen und auch Befürchtungen, ist uns nicht zu helfen. Ständige Umtriebigkeit und permanente Hektik kann der Versuch sein, innere Selbstzweifel zu zerstreuen. Dabei ist das Meiste an menschlichem Glück, das wir erfahren, auf Personen, die uns etwas bedeuten oder denen wir etwas bedeuten, gerichtet. Hilfe verspricht eine Einverständniserklärung mit dem Leben, so wie es uns entgegenkommt, von Jahr zu Jahr, von Lebensphase zu Lebensphase, von Aufgabe zu Aufgabe.

Das Gedicht „Die Chance der Bärenraupe, über die Straße zu kommen" von Rudolf Otto Wiemer bringt es wunderbar auf den Punkt:

„Keine Chance. Sechs Meter Asphalt. Zwanzig Autos in einer Minute. Fünf Laster. Ein Schlepper. Ein Pferdefuhrwerk. Die Bärenraupe weiß nichts von Autos. Sie weiß nicht, wie breit der Asphalt ist. Weiß nichts von Fußgängern, Radfahrern, Mopeds. Die Bärenraupe weiß nur, dass jenseits Grün wächst. Herrliches Grün, vermutlich fressbar. Sie hat Lust auf Grün. Man müsste hinüber. Keine Chance. Sechs Meter Asphalt. Sie geht los. Geht los auf Stummelfüßen. Zwanzig Autos in einer Minute. Geht los ohne Hast. Ohne Furcht. Ohne Taktik. Fünf Laster. Ein Schlepper. Ein Pferdefuhrwerk. Geht los und geht und geht und geht und kommt an."

Noch mehr innere Antreiber

Die hier genannten Beschreibungen innerer Antreiber sind nicht vollzählig. Vielleicht machen Sie die Entdeckung noch ganz anderer Zusammenhänge. Innere Antreiber und innere Kritiker greifen dabei meist ineinander. Jedenfalls lohnt es, sich auf ihre Spur zu setzen, verbunden mit gezielter Korrektur unseres Denkens und Verhaltens. Denn immer besteht ein Zusammenhang zwischen unserem Gewordensein und der Art, was und wie wir etwas tun. Zwischen unserer Biografie und der Art, wie wir dem Leben entgegentreten, zwischen unserer Lebenserfahrung und unseren Emotionen. Manches Trugbild gilt es zu entlarven, um besser mit dem Leben, mit uns selbst und mit unseren Mitmenschen klar zu kommen. Vielleicht geht es dabei um die Erlösung von dem Gedanken, im Leben ständig gewinnen oder siegen zu müssen. Vielleicht geht es dabei um die Erlösung von dem Gefühl, nie zu genügen oder nicht liebenswert zu sein. Vielleicht benötigen wir die Erlösung von einem selbstgefälligen Selbstbild. Laufen wir blind unseren inneren Kritikern nach und folgen wir unkritisch dem Rat der inneren Antreiber, werden wir viel versäumen. Leben ist lebenswerter, wenn wir uns ihren absoluten Forderungen entziehen. Wir dürfen dabei Geduld mit uns haben. Entscheidend ist, dass wir auf dem Weg bleiben. Erinnern Sie sich noch an die anfangs des Kapitels geschilderten Situationen von Überforderung? Jetzt können wir darauf einige Antworten geben.

Versuchen Sie nicht, es allen recht zu machen!

Weil Ihr Bemühen allen Ansprüchen zu genügen aussichtslos ist, sollten der Chef und der Abteilungsleiter von Ihnen wissen, dass die beiden jeweils einen anderen Vorgang vorrangig bearbeitet sehen wollen. Dann kann der Chef entscheiden, was geschehen soll.

Er und der Abteilungsleiter können sich darüber auch gerne streiten, wenn sie das möchten. Sie sind das Problem erst einmal los!

Zu jeder Lösung gibt es eine Alternative!

Darf der Hund ausnahmsweise sein Geschäft auch mal im Garten verrichten? Denn ein wunder Kinderpopo bereitet wenig Freude und Ihrem Schlafbedürfnis dürfte es kaum entgegen kommen. Denken Sie daran, dass es immer mindestens zwei Wege gibt, die sie wählen können. Vielleicht tut sich sogar ein dritter und vierter auf, wenn Sie die größeren Kinder auffordern, mit dem Hund vor die Türe zu gehen oder den Partner bitten, sich um den Nachwuchs zu kümmern.

Bleiben Sie emotional erkennbar!

Stimmt es wirklich, dass Ihr Planungsteam gleichgültig dem Schrecken gegenüber stehen wird, der Ihnen noch in den Gliedern steckt? Wagen Sie es, Ihr persönliches Erleben für so wichtig zu nehmen, wie es Ihnen nach dieser gefährlichen Situation ist. Vielleicht freuen sich Ihre Mitarbeiter ja, dass Sie nicht im Krankenhaus liegen und sie ihre benötigten Informationen tatsächlich schon gleich erhalten werden. Ihnen wird es sicher besser gehen, wenn Sie die Sie akut beeinträchtigenden Gefühle kurz mitteilen.

Spüren Sie der Liebe nach!

Liebe kann man nicht denken. Liebe empfinden ist eine Emotion. Man kann ihr nachdenken, aber Liebe lässt sich von unserem Verstand nicht erfassen. Es sind unsere eigenen Gesetze von „ich will der/die Beste sein", „ich muss mich beeilen", „alle sollen mich lieben", „ich will bewundert werden", „ich muss stark sein", „nur Kontrolle schenkt mir Sicherheit", denen wir uns unterworfen haben. In der Selbstbeschränkung steckt ein bewährter Schutz vor Burnout, denn immer nähren sich seelisch-geistlich Erschöpfungszustände aus den zum absoluten Wert hochstilisierten Übertreibungen.

Das Einverständnis mit dem was ist!

Bei Schritten, die wir für uns tun und wagen, geht es nicht immer nur um Veränderung. Oft führt das Einverständnis mit dem was ist zu mehr Zufriedenheit. Jeder von uns hat diese Erfahrung schon gemacht.

Wir können der Wirklichkeit gegenüber standhalten, auch dann, wenn die Dinge anders laufen als erhofft. Vertrauen kommt dabei unserem Empfinden hilfreich entgegen. Vertrauen verhindert, dass wir uns in Träumen verlieren oder in negativen Gefühlen ertrinken.

Also, was macht das Chamäleon auf der kariert gepunkteten Streifentapete? Es bestimmt seine eigene Linie!

Erinnern Sie noch die Frage zum Begriff „Ansehen" zu Anfang des Kapitels? Schauen Sie die von Ihnen notierten Stichworte nochmals an. Vielleicht hatten Sie Worte wie Einfluss, Macht, Respekt oder Geld notiert.

Schreiben Sie jetzt das Wort Ansehen aus.

A n _ _ _ _ _

Welchen erweiterten Sinn gewinnt das Wort für Sie, wenn Sie damit nun noch etwas Gedankenspielerei treiben? An-sehen steht für hinter die Fassade schauen, Gleichberechtigung, Würde haben, wertvoll sein …

_____

_____

_____

Ansehen hat immer einen aktiven und einen passiven Anteil. Wir sehen andere Menschen an und sie uns. Die Art und Weise, in der wir das tun, verläuft häufig spiegelbildlich. Das Ansehen, dass Sie einem anderen Menschen schenken, prägt seine Art, Ihnen zu begegnen. Alles Leben kostet Kraft. Ganz besonders viel Energie erfordern Konflikte, die wir mit anderen Menschen haben. Diese Reibungspunkte so gering wie möglich zu halten, ist daher sehr nützlich, um sich vor dem Ausbrennen zu schützen. Solche Problemfelder anzugehen, erfordert jedoch andererseits auch am meisten Mut, Einfallsreichtum, Geduld, Respekt oder Liebe, Ausdauer, Verständnis und Frustrationstoleranz. Das wechselseitige Ansehen hat immer zwei Seiten. Wie wir uns selbst wahrnehmen, unterscheidet sich nicht selten von der Fremdwahrnehmung. Was andere in Ihnen sehen, wird nicht in jedem Fall Ihrem Selbstbild entsprechen. Doch lohnt es sich immer zu fragen, woraus sich diese Unterschiede ergeben und welche Signale Sie, vielleicht unbewusst, Ihrer Umgebung vermitteln. In der Familie, am Arbeitsplatz, im Verein, unter Kollegen und Freunden ist das ausschlaggebend dafür, ob Begegnung gelingt und bereichert oder entfremdet und verletzt. Profitieren Sie deshalb von ehrlichen Rückmeldungen. Prüfen Sie an sich und anderen, ob Worte und Mimik, Tonfall und Körperausdruck, Werteüberzeugung und gelebte Haltung deckungsgleich sind. Sollte das nicht immer der Fall sein: Was kann Ihnen zu mehr Klarheit verhelfen? Halten Sie Ihre Gedanken schriftlich fest:

_____

_____

_____

Die Natur strebt immer den Ausgleich an. Das gilt für das Wetter im Wechselspiel von Tief- und Hochdruckgebieten. In ein Vakuum strömt Luft ein, um Druckausgleich herzustellen. Im Universum herrscht eine gleichbleibende Temperatur. Das Gesetz des Ausgleichs ist auch für die Erhaltung Ihrer Gesundheit unabdingbar. Es bleibt nicht folgenlos, wenn wir die Naturgesetze am eigenen Körper, Geist und Seele außer Kraft setzen wollen. Anspannung der Muskulatur muss Entspannung folgen. Nach hoher Aufmerksamkeit und Konzentration, darf Entlastung und Erholung nicht fehlen. Einem langen Tag sollte ungestörter Schlaf folgen.

Die folgende Übung wird Ihnen helfen, Ihre Belastungsbereiche und Ressourcenquellen zu identifizieren. Nehmen wir an, der folgende Kreis umschließe alles, was Ihr Leben ausmacht. *Zeichnen Sie in den Kreis Speichen ein und schreiben Sie in die so entstehenden Felder jeweils ein Stichwort, das Ihren Lebenskreis ausfüllt. Zum Beispiel Freunde, Beruf, Partner, Hobby, Kinder ...*

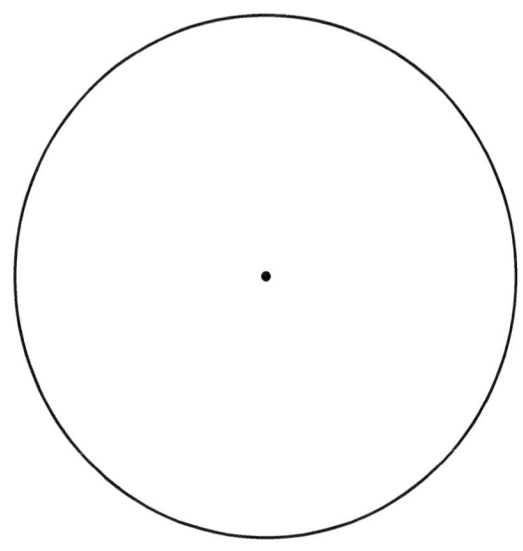

Zeichnen Sie jetzt in den nachfolgenden Kreis abermals Speichen ein. Doch schreiben Sie in die dabei entstehenden Felder solche Faktoren, die Sie Energie kosten. Tätigkeiten, Situationen oder Bereiche, die Ihren inneren Akku auszehren. Wenn es sich dabei um Personen handelt, notieren Sie den Namen in das jeweilige Feld.

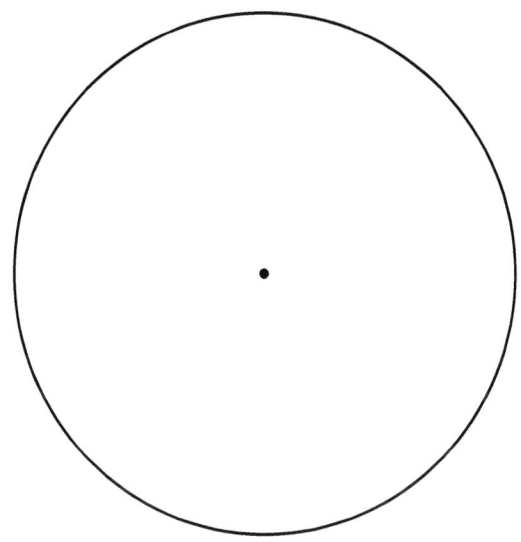

Wenn Sie nun die von Ihnen beschriebenen Felder der beiden Kreise mit einander vergleichen wird Ihnen auffallen, dass sich einige Ihrer Stichworte wiederholen.

Unterstreichen Sie in beiden Kreisen mit einem farbigen Stift die Bereiche, die Sie als besonders ausgeprägte Energiefresser erleben.

Mit dem dritten Kreis verfahren Sie wie zuvor, fügen nun aber in den jeweiligen Feldern solche Bereiche ein, die Ihnen Energie zufließen lassen.

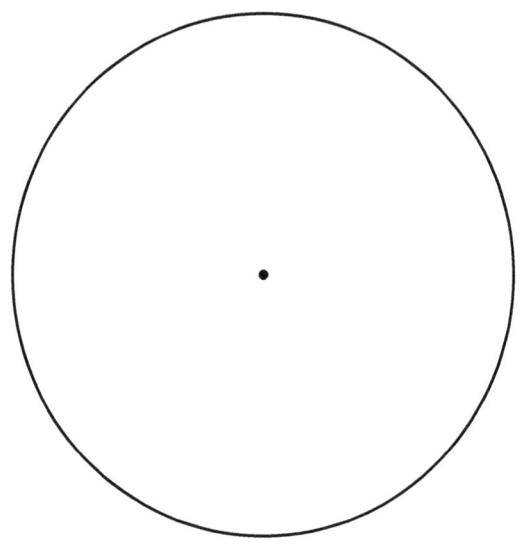

Vergleichen Sie jetzt Ihre Stichworte des ersten, zweiten und dritten Kreises. Dann ist es kein Fehler, sondern ein wichtiges Indiz festzustellen, dass Ihnen manche Aspekte Ihres Lebenskreises sowohl Energie schenken als auch Kraft kosten. Beispielsweise ist Ihre Arbeit häufig anstrengend. Zugleich motiviert Sie Ihre Tätigkeit aber auch, indem Anerkennung und Erfolg Ihren inneren Akku aufladen. Ebenso verhält es sich mit der Familie, den Kindern, mit den Kollegen, ja selbst mit Freunden oder dem Partner ist das der Fall. Deshalb ist es nicht immer eine gute Option, die belastenden Faktoren Ihres Lebens einfach zu eliminieren. Eine anstrengende berufliche Tätigkeit gegen Arbeitslosigkeit einzutauschen, bringt langfristig keinen Gewinn. Bei Partnerschaftsproblemen sieht es oft ähnlich aus. Im beruflichen und privaten Bereich ist allermeist das ernsthafte, beidseitige Bemühen um Problemlösungen und eine verbesserte Beziehung, einer schnellen Trennung vorzuziehen. Grundsätzlich gilt: Je einschneidender und weitreichender sich von Ihnen eingeleitete Veränderungen auswirken werden, desto sorgfältiger wägen Sie Nutzen und Kosten des jeweiligen Weges ab. (Gut möglich, dass Ihnen nach und nach noch weitere Bereiche in den Sinn kommen, die in Ihrem Leben wichtig sind und dazu gehören. Auf einem gesonderten Blatt können Sie die Kreise jeder Zeit weiter ziehen und die Übung wiederholen.)

Wie stabilisiert man einen auf die Spitze gestellten Kreisel vor dem Umfallen?

Indem man ihn in Drehung versetzt!

Alles in unserer modernen industriellen Kultur wird nach Leistung und Fehlleistung, Gewinn und Verlust, Erfolg und Misserfolg beurteilt. Was machen Sie, wenn Sie darüber ins Taumeln geraten? Treiben Sie es nicht auf die Spitze! Das ist Selbststabilisierung durch Aktionismus. Es reduziert Sie auf Ihr Handeln, macht Sie zur Summe Ihrer Taten. All das ist das Gegenteil von Gelassenheit und bester Nährboden für Selbstüberforderung.

Erstellen Sie auf einem gesonderten Blatt eine Liste Ihrer Ressourcen. Denken Sie dabei an alle Lebensbereiche, in denen Sie sich bewegen. Vielleicht erleben Sie Ihre Familie als eine kraftspendende Ressource. Dann schreiben Sie „Familie" hinter den Buchstaben F) und evtl. „Kinder" hinter K). Aber auch solche Lebensbereiche können für Sie eine Ressource darstellen, von denen Sie es auf den ersten Blick nicht erwartet hätten. Beispielsweise kann die Arbeit eine Ressource bedeuten, wenn Sie Ihre berufliche Tätigkeit als zwar intensiv aber auch als sehr sinnvoll erleben. Dann würden Sie unter den Buchstaben A) „Arbeit" schreiben können und hinter S) „Sinn". Oder sie ordnen dem Buchstaben B) auf Ihrer Ressourcenliste das Wort „Betriebsklima" zu, sofern Sie dies als unterstützend erleben.

Nehmen Sie sich Ihre Ressourcenliste immer wieder einmal zur Hand, denn oft ist es so, dass uns nach und nach immer mehr unserer Ressourcen in den Sinn kommen. Das ist eine ermutigende Entdeckung. Sie können auch mehrere Worte hinter den passenden Buchstaben schreiben, und Sie müssen in dieser Liste nicht alphabetisch vorgehen. Spielen Sie mit den Buchstaben und schauen Sie, welche Ressourcen Sie bei Ihrem Nachdenken entdecken.

Meine Ressourcenliste von A) bis Z)

A)
B)
C)
D)
usw.

Nutzen Sie Ihren Ressourcenspeicher! Identifizieren Sie dazu diejenigen drei Ressourcen, deren Nutzung Ihnen am meisten Freude bereitet. Von diesen drei wählen Sie bitte zwei aus, die Sie in den kommenden drei Wochen intensiver als zuvor nutzen möchten. Angenommen Sie haben unter dem Buchstaben „G" das Wort Gesellschaftsspiele geschrieben, gehen Sie nun an die konkrete Planung. Laden Sie sich auf zwei oder drei Termine in den kommenden fünf Wochen Freunde ein, die Sie als Mitspieler gewinnen können und schöpfen Sie Ihre Ressource mit ihnen fröhlich aus.

Mit der zweiten von Ihnen ausgewählten Ressource gehen Sie vergleichbar konkret vor. Wichtig ist, dass Sie konkret und realistisch zur Tat schreiten. Nehmen Sie sich nicht zu viel vor. Dann kann sogar eine Ressource zur Belastung werden. Aber geben Sie sich auch nicht mit der bloßen Veränderungsabsicht zufrieden. Steht zum Beispiel unter „R" das Wort Radfahren, dann schwingen Sie sich zumindest einmal in der kommenden Woche in den Sattel und das über fünf Wochen lang. Sind fünf Wochen vorbei, schauen Sie, ob Sie bei der Nutzung dieser Ressourcen bleiben möchten oder ob Sie andere auf Ihrer Liste locken. Probieren Sie es einfach aus!

Dieses Kapitel befasste sich mit dem Thema Ansehen und damit, wie weit Sie Ihren inneren Antreibern folgen wollen.

Wie sehr betrifft Sie die in diesem Kapitel geschilderte Thematik?

Merke: Sind Sie sich selbst nicht grün, springt die innere Ampel Ihres Gegenübers auf rot. Sie stärken Ihr Ansehen, indem Sie sich selbst sehen.

Was macht die Fliege auf der Sahnetorte?

> *Dieses Kapitel befasst sich mit dem Thema Grübeln und Sorgen und wie Sie beides hinter sich lassen können.*

Versetzen Sie sich in die Situation und beobachten Sie die Fliege im Anflug auf die Sahnetorte. Gestalten Sie aus Ihrem Blickwinkel eine weiterführende Perspektive. Wie könnte sich die Geschichte der Fliege fortsetzen?

___

___

___

Bei sich daheim

Vielleicht erzählt Ihre kleine Geschichte, dass die Fliege auf der Torte landete, es sich gut gehen ließ und nach einer Weile munter davon brummte. Vielleicht lockte ihr Summen weitere Artgenossen zum Festschmaus ein. Oder die Fliege wurde zunächst von wild fuchtelnden Händen verscheucht, dann verflucht und schließlich von einer Fliegenpatsche erwischt? Schlussendlich wanderte die Sahnetorte womöglich in den Abfall. Die Gastgeber ärgern sich schwarz und grübeln sorgenvoll, woher auf die Schnelle eine neue Torte für die Gäste zu bekommen sei.

Fliege auf der Sahnetorte. Wie unappetitlich! Meist ist das Insekt schnell verjagt und die Tortenparty gerettet. Andere Plagegeister werden wir nicht so schnell los. Kummer beispielsweise und Sorgen, die vorzugsweise im Schwarm auftauchen. Was die Fliege zur Torte lockt ist klar. Bei so viel Süßem, wer kann da widerstehen? Doch weshalb haften uns Sorgen so hartnäckig an, belagern den Alltag geradezu? Besorgnis hat nicht unbedingt etwas mit der real vorhandenen Gefährdung oder Problemlage zu tun. Sorgen sind Ausdruck unseres Denkens und unserer Erwartungen. Setzen Sie den Plagegeistern keine Grenze, überschwemmen diese Ihre Überlegungen. Die Leichtigkeit eines unbeschwerten Tages erleben Sie dann nicht mehr.

Wer Sorgen hat, dem wird nie langweilig und der ist nie allein. Sie denken, das sei ein schlechter Scherz? Leider ist es bittere Wahrheit. Sind Sie eher pessimistisch veranlagt, blicken Sie angespannt auf die Herausforderungen des Lebens. Vieles, was Sie in Ihrem Umfeld wahrnehmen, wirkt auf Sie bedrohend und Einiges macht Ihnen auch Angst. Allerdings haben die Sorgen auch eine vertraute Wirkung. Mit Ihren Sorgen kennen Sie sich so gut aus wie niemand anders. Auch das ist kein Witz. Bange sein hat einen unbewussten, aber durchaus willkommenen Nebeneffekt. Alle möglichen Bedenken lassen sich von links nach rechts wenden und wieder zurück und wieder vor, nach hinten, zur Seite, nach oben und unten. Kultivierte Sorgen sind gedankliche Fluchtburgen vor der Wirklichkeit. Mit welchem Sinn? Grübeleien verweigern sich dem tatsächlichen Leben. Sie scheuen die Konsequenzen des praktischen Handelns. Solange Ihr Grübeln nur ein Gedankenspiel bleibt, sind Sie Herr der Lage. Sich davon zu verabschieden, fällt so schwer, wie es wichtig ist.

Lästige Plagegeister

„Was ich auch anfasse, geht schief. Ich gebe mir so viel Mühe, aber es gelingt mir nicht. Ich bekomme es nicht hin. Andere können das so viel besser als ich und sind weniger gestresst und überfordert." Meist steht ein sehr hoher Selbstanspruch hinter solch vergleichender Klage. Dominiert Sie das Gefühl, nicht zu genügen, gibt es eine Stimme, die alles beurteilt und schlechte Noten verteilt. Oft ist dieser Zensor ein Schattenspieler der eigenen Seele. Jemand sagt: „Geliebt war ich nur, wenn die Noten in der Schule stimmten. Dann liebte mich die Mutter und der Vater war stolz auf mich". Selbstannahme lässt dieses Lebensmuster kaum zu. So sehr wir uns nach Anerkennung sehnen; kämpfen wir darum, bleibt das Bedürfnis hinter der Sehnsucht meist unerfüllt. Es ist der Wunsch, jemandem vorbehaltlos vertrauen zu können.

Schicksal gibt es nicht

Oftmals sind grübeln und sorgen im Erwachsenenalter Folge fehlender sicherer Bindung im Kindes- und Jugendalter. Ähnliche Ursachen hat häufig die Furcht vor Eigenständigkeit. Die Welt mit ihren manchmal harten Anforderungen und ungerechten Spielregeln macht Sie regelrecht fertig. Vielleicht hat Ihnen nie jemand etwas zugetraut, vielleicht wurde Ihnen nie etwas zugemutet. Heute fehlt Ihnen der Mut, zu sich zu stehen. Vielleicht erinnern Sie Sätze wie diese: „Das kannst du nicht, lass es besser, du übernimmst dich." Oder umgekehrt: „Tu dies und das! Das müsstest du schon längst können! Hast du es immer noch nicht kapiert!" Es fehlten Ermutigung, Lob, Bestätigung und ehrliches Interesse an Ihnen. Sie haben zunehmend Selbstvertrauen eingebüßt und wurden unbemerkt aber unvermeidlich ängstlich und unselbstständig. Ihre tatsächlichen Möglichkeiten und Grenzen haben Sie nie wirklich ausgetestet. Ihre Entschlusskraft verkümmerte und das Misstrauen, den eigenen Fähigkeiten und anderen gegenüber, ist ständig gewachsen. Irgendwann haben Sie es schließlich selbst geglaubt und Ihre engen persönlichen Grenzen als ein unveränderbares Schicksal hingenommen. Haben wir den Eindruck, dem Leben nicht genügen zu können, stehen wir in Gefahr, unsere Lebensverantwortung an andere abzutreten. Wie ein vereinsamtes, allein gelassenes, ängstliches Kind wünschen wir uns dann als Erwachsene starke Eltern zurück. Das hindert die persönliche Reifung. Für den Fall lautet das erste Gebot: „Übernimm die Verantwortung für dein Leben! Entscheide du!"

Es braucht viel Mut, mit einer deutlich zurückgenommenen Lebenseinstellung zu brechen. Das Austesten Ihrer tatsächlichen Grenzen bedeutet ein Risiko. Doch es lohnt sich, denn die eigenen Fähigkeiten tragen weiter als gedacht!

Mit offenem Visier

Bestimmt haben Sie das schon an sich beobachtet. Grübeleien mit Gewalt zu verdrängen, führt nicht zum Erfolg. Sie fallen dann erst recht von allen Seiten in Ihr Denken ein. Das ist gerade so, als ob Sie sich dazu auffordern wollten, an den berühmten pinken Panther in gerade diesem Augenblick nicht zu denken. Mit dem Gedanken an dieses Vorhaben ist das, wovon Sie sich verabschieden wollen, bereits verloren. Treten Sie den Sorgegeistern deshalb mit offenem Visier entgegen. Woher rührt der pessimistische Geist, der mich gerade überfällt? Was will ich diesen Gedanken entgegensetzen? Wie wahrscheinlich ist es, dass meine düsteren Zukunftsphantasien eintreten? Was ist das Gute an dieser Situation und wie kann ich es zu meinem Besten nutzen? Es ist herausfordernder mit dem umzugehen wie man wirklich ist, als damit, wie man gerne wäre!

Jeder Prozess erfordert Zeit. Veränderungen der Persönlichkeit erst recht. Dem Kreislauf von Selbstvorwürfen, sich selbst abwertenden Gedanken und Selbstblockade, ist nicht leicht zu entkommen. Aber Sie können dem noch etwas anderes entgegensetzen. Achten Sie bewusst darauf, wie Sie kommunizieren! Dann fällt Ihnen womöglich auf, dass Sie manchmal genau das nicht sagen, was Sie eigentlich ausdrücken bzw. erreichen wollen. Die gewohnheitsmäßige Verwendung verneinender Formulierungen sind dafür ein Indiz. Schauen wir uns einige dieser sich selbst erfüllenden Sätze an.

Jemand denkt, fühlt und sagt beispielsweise „Ich kann mich selber nicht ausstehen!" Was bewirkt ein solcher Satz? Nichts als Entmutigung! Es bleibt alles beim Alten. Die Selbstanklage verfestigt das negative Selbstbild und Mitmenschen werden darin einstimmen. Weshalb sollte Sie jemand mögen, wenn Sie sich selbst nicht mögen? Wie wollen Sie anziehend auf andere wirken, wenn Sie sich selbst nicht gerne anschauen? Doch was steckt eigentlich hinter diesem Satz der Selbstablehnung? Es ist ja nicht bloß eine Feststellung. Die sich selbst verneinende Formulierung adressiert eine Aufforderung an uns selbst: Ich möchte meine Bedürfnisse und mich selber besser verstehen lernen! Damit ist die Zielrichtung einer

Lösung angezeigt. Jemand anderes sagt: „Ich will niemandem zur Last fallen." Auch dieser Satz verleugnet die eigenen Bedürfnisse. Positiv gewendet könnte er lauten „Ich erhoffe mir, dass du mich respektierst." Die Angehörigen eines pflegebedürftigen Menschen könnten mit dieser Aussage bedeutend mehr anfangen. Denn diese Selbstmitteilung eröffnet Handlungsoptionen, während verneinende Selbstmitteilungen Ihr Gegenüber hilflos macht.

Wirken auf Sie manche Menschen sehr arrogant, empfinden Sie ihr Verhalten als peinlich und löst das in Ihnen ganz unangenehme Gefühle aus? Dann wollen Sie vermutlich bei sich selbst jeden Anflug von Arroganz im Kreis von Bekannten oder am Arbeitsplatz vermeiden. „Ich will auf keinen Fall überheblich wirken" lautet Ihr Grundsatz. Doch nicht das, was sie nicht wollen, wird Sie vor Überheblichkeit schützen, sondern was Sie positiv von sich halten. „Meine Qualitäten sind..." Je klarer Sie das für sich selber sagen können, desto eindeutiger stehen Ihnen auch Ihre Schwächen vor Augen. Trauen Sie sich, zu beidem zu stehen; zu Ihren Stärken und zu Ihren Schwächen! Dann ist die Gefahr gebannt, die eigenen Vorzüge zu dick aufzutragen.

Vom Mut, seinen Weg zu gehen

Habe den Mut, ein Mensch zu sein! Das ist die Botschaft jeder Geburt. Leben lohnt sich, denn alles Leben ist einzigartig. Doch wie findet das Bild, das wir von uns pflegen, mit dem zusammen, wie wir uns tatsächlich fühlen? Der Weg zu solch einem sicheren Selbstwertgefühl lässt sich mit einer Bergwanderung vergleichen. Schauen Sie auf einer Bergwanderung nie zum Gipfelkreuz auf, kommen Sie vom Weg ab. Alles andere erfordert dann Ihre Aufmerksamkeit und darüber verlieren Sie Ihre „big points" aus den Augen. Ursprüngliche Werte und Ideale verschwinden aus Ihrem Gesichtskreis. Sie schauen um sich und sehen und stolpern nur über den täglichen Kleinkram. Über all das, was getan werden muss und keiner machen will. Keine Vision flammt mehr in Ihnen auf, mögen andere noch so sehr davon schwärmen. Ihren Weitblick hindert tief hängender Nebel. Sie erwarten nichts Neues mehr. Schließlich verlässt Sie der Mut, weil Sie Ihren persönlichen Horizont verloren haben. Die kleinen Fortschritte und das Schöne, die Chancen des gelegenen Augenblicks übersehen Sie. Sie verlieren die Motivation, gegen Widerstände und in allen Anstrengungen durchzuhalten. Irgendwie und irgendwann möchten Sie das Leben nicht mehr in Angriff nehmen, bleiben stehen, verharren beim Erreichten.

Der fehlende Blick auf den Gipfel verhindert, dass jeder Ihrer Tage zu einem Gipfel wird. Nicht aufgrund seiner Größe, sondern aufgrund des Glaubens, der Ihnen bestätigt: Im Hier und Jetzt bin ich gefragt! Das Hier und Jetzt kann ich gestalten!

Doch auch wenn Sie den Blick niemals vom Gipfelkreuz abwenden, erreichen Sie das Ziel nicht. Weil nur noch an Großes gedacht wird, enttäuscht Bescheidenes. Kleine Erfolge zählen nicht. Freude lohnt sich nicht, denn es könnte und müsste eigentlich alles viel besser und großartiger sein. Ihre Realität wirkt umso mickriger, je herrlicher Ihre Phantasien sind.

In dieser Situation träumen Sie, was Sie im eigenen Leben verändern könnten und was alles besser werden sollte. Sie beginnen sich mit Menschen zu vergleichen, die scheinbar erreicht haben, was Ihnen noch fehlt. Sie beginnen zu unterscheiden zwischen erfolgreichen Bühnenmenschen und langweiligen Durchschnittstypen. Nach einiger Zeit, manchmal erst nach Jahren, schauen Sie sich um und stellen fest, dass Sie wegen des unentwegten Blickes auf die Höhen, auch nicht die Täler und Niederungen Ihres Lebens angenommen und bewältigt haben. Die unablässige Ausschau nach den Gipfeln verhindert, dass jeder Ihrer Tage zu einem Gipfel wird. Nicht aufgrund seiner Größe, sondern aufgrund des Glaubens, der Ihnen bestätigt: Im Hier und Jetzt lohnt jede Investition!

Der zu kleine Topf

Steht eine Pflanze in einem zu kleinen Topf, können sich ihre Wurzeln nicht ausbreiten. Zunächst stagniert das Pflanzenwachstum und schließlich verkümmert die Pflanze. Mit Menschen ist es nicht anders. Ist der Topf, in dem Sie stehen, zu eng, weil Sie Ihr Denken auf Ihre Probleme verengen und aus Angst vor dem Unbekannten keine neue Wege gehen, verkümmern Sie. Sie verlieren das Vertrauen gegenüber dem Leben, weil Sie keine Entscheidungen treffen. Wenn wir es jedoch wagen, Widerstände zu überwinden und wenn wir Abschiede bewältigen, wachsen und reifen wir daran. Erwarten Sie, von irgendwo her möge Ihnen die Herausforderung und Angst des Lebens genommen werden, wird sich dieser Traum nicht erfüllen. Denn dieser Traum ist in Wahrheit ein Alptraum.

Mag sein, Sie sind enttäuscht. Dann können Sie das bedauern und beklagen. Oder Sie beginnen Ihr persönliches Potenzial auszuschöpfen. Dann erfahren Sie, wie Ihr Denken Ihre Wirklichkeit verändert. Meist sind es keine besonderen Vorkommnisse, die uns nach vorne bringen. Eigentlich verläuft der Alltag wie zuvor. Und doch hat sich Entscheidendes verändert. Mit der Bejahung Ihrer Person und Ihrer persönlichen Verantwortung weitet sich Ihr Horizont und damit Ihr Selbstvertrauen.

Also, was macht die Fliege auf der Sahnetorte? Sie vergisst mal den ganzen Mist!

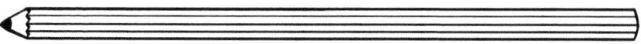

Sieben Impulse gegen Sorgengeister und Grübelattacken.

Ein afrikanischer Sinnspruch sagt: „Wir können die Sorgen nicht daran hindern, um unsere Köpfe zu fliegen, aber wir können sie daran hindern, in unseren Köpfen ihre Nester zu bauen." Trübe Empfindungen haben einen unstillbaren Appetit auf sorgenvolle Gedanken und plagende Selbstzweifel. Schauen wir uns an, was Sie dem entgegensetzen können. Schieben Sie den Grübeleien einen Riegel vor!

Erster Impuls: Was regt Ihr Denken an?

Die Lektüre eines Romans, eine gut gemachte Fernsehdokumentation, Reisen oder ein interessanter VHS-Kurs. Gleich, was es sein mag, Wissen weitet den Horizont und Lernen hält jung, weil es Grenzen

sprengt. Durchkreuzen Sie mit frischen Gedanken eingespurte Denkbahnen und lassen Sie sich einmal bewusst auf verrückte Ideen, kreative Beschäftigungen und ungewohnte Gedankenspiele ein.
Durchlüften Sie Ihren Kopf.

Zweiter Impuls: Wer diskutiert mit Ihnen?

Bei einer fairen, offenen Diskussion gibt es nur Gewinner, denn es geht dabei um mehr als die Durchsetzung der eigenen Meinung. Der Austausch unterschiedlicher Positionen zu einem beliebigen Thema belebt die Psyche. Eine anregende Diskussion lässt Sorgen vergessen, denn Konzentration befreit den Geist. Voraussetzung dafür ist Ihre Bereitschaft, Neues auf sich zukommen zu lassen und sich ungewohnten Sichtweisen nicht sogleich zu verschließen.
Diskussion befreit aus Isolation!

Dritter Impuls: Wer hört Ihnen zu?

Es gilt als chic, sich von unterschiedlichen Medien unterhalten zu lassen und gleichzeitig mit verschiedenen Aufgaben beschäftigt zu sein. Während des Fernsehens wird auf dem i-phone rumgedrückt, läuft im

Hintergrund Musik und ist der moderne User unentwegt online. Die so provozierte Unaufmerksamkeit, spiegelt sich auch vielfach im Kommunikationsverhalten. Aufmerksames Zuhören ist nicht selbstverständlich, aber eine Wohltat für Kopf und Herz. Zuhören fördert Mitgefühl. Ausreden lassen, nachfragen, aufgefasste Mitteilungen wiederholen, Empfindungen und eigene Inhalte zum Gespräch beizusteuern, all das gewährleistet wirkliches Verstehen. Hören Sie hin, was andere sagen. Sie wissen doch, wie gut es tut, wenn jemand dasselbe für Sie tut.
Reden ist Silber, zuhören ist Gold!

Vierter Impuls: Mit wem teilen Sie Ihre Träume?

„I have a dream!" Mehr als 250.000 Menschen hatten sich am 28. August 1963 in Washington, D.C. vor dem Lincoln Memorial versammelt und Millionen Zuhörer vor den Radioempfängern und Bildschirmgeräten. Sie alle folgten gebannt der Rede des unerschrockenen Geistlichen und Bürgerrechtlers Martin Luther King, anlässlich des Marsches auf Washington für Arbeit und Freiheit. Martin Luther Kings Traum eines veränderten Amerika, in dem Schwarze und Weiße gleichberechtigt zusammenleben, hat sich bis zum heutigen Tag noch nicht völlig erfüllt. Am 20. Januar

2009 bekam dieser Traum jedoch mächtig Auftrieb, als Barack Hussein Obama als erster Afroamerikaner zum 44. Präsident der Vereinigten Staaten von Amerika gewählt und in diesem Amt 2012 von der US-Bevölkerung für eine zweite Amtsperiode bestätigt wurde. Bringen Sie Ihre Träume in der Familie oder im Planungsteam Ihres Vereins zum Ausdruck.
Geteilte Träume haben verändernde Kraft!

Fünfter Impuls: Wer weint mit Ihnen?

„Weint mit den Weinenden und lacht mit den Lachenden", heißt es im Buch der Bücher. Damit ist eine soziale Kompetenz angesprochen, die vor 2000 Jahren genauso wichtig war, wie heute. Wem können Sie ungeschminkt Ihre traurigen Empfindungen zeigen, wer weint und wer lacht mit Ihnen? Die westliche Gesellschaft hält sehr dazu an, die eigene Persönlichkeit zu entfalten und Individualität zu pflegen. Das hat zweifellos seine Berechtigung. Doch diese Aufmerksamkeit will nicht ungeteilt bleiben. Wertschätzender Umgang mit sich selbst spiegelt sich in aktiver Wertschätzung des Gegenübers. Mit anderen Menschen emotional verbunden, ist Glück ein erreichbares Ziel.
Gefühle teilen macht glücklich!

Sechster Impuls: Wer korrigiert Sie?

Diebe Ihres Selbstbewusstseins und versteckte Neider gibt es viele. Ein unterstützender Freund, eine beste Freundin und ehrlicher Ratgeber sind daher ein unermesslicher Schatz. Doch manchmal ist es schwierig, beides voneinander zu unterscheiden. Deshalb beherzigen Sie eine Grundregel: Entscheiden Sie sich dafür, keine Ihnen gegenüber geäußerte Kritik persönlich zu nehmen. Und nehmen Sie keine Korrektur an und weisen Sie keine zurück, bevor Sie sie mit Kopf und Herz gehört, gewogen und geprüft haben. Ob Kritik an Ihrer Person und Ihrem Verhalten begründet ist oder nicht, das entscheiden Sie. Doch wenn Sie jemanden gefunden haben, der Ihnen alles sagen darf, können Sie sich glücklich schätzen. Denn darin zeigt sich Ihr beiderseitiges Vertrauen.
Vertrauen können macht reich!

Siebter Impuls: Wer lacht mit Ihnen?

Spiel und Spaß lösen eine Kaskade von Glückshormonen in Ihrem Gehirn und Körper aus. Humor entspannt und ist bei Stress hoch willkommen. Bedrängende Anforderungen, beklemmende Sorgen, schwere Gedanken und andauernde Grübeleien machen Sie nicht

nieder, solange Sie das Lachen nicht verlernen. Darum suchen Sie sich Gesellschaft, in der Sie wirklichen Spaß erleben. Das kann ein Spiele- oder Kegelabend bieten, ausgelassenes Toben mit den eigenen Kindern oder Enkeln im Schnee, Sandburgen bauen am Strand, gute Unterhaltung bei fröhlicher Comedy. Alles was Freude macht, schenkt Lebensenergie.
Lachen ist gesund!

Achter Impuls: Wie fühlen sich Ihre Gefühle an?

Angenommene Gefühle sind unsere Verbündete, verdrängte Gefühle sind der lauernde Feind. Das sogenannte „Bauchgefühl" ist dafür der beste Beweis. Es vermittelt uns spontane Eindrücke zur Einschätzung undurchsichtiger Situationen, unbekannter Menschen oder überraschender Gegebenheiten. Sicher sind Sie bei Entscheidungen auch schon Ihrer Intuition gefolgt. Oft werden sie zielgenauer gewesen sein als solche Entscheidungen, über die Sie zuvor ewig lange nachdachten.

Diese Erfahrung kann Ihr Selbstbild stärken. Vielleicht haben Sie den Eindruck, Gefühle stehen Ihnen bei der Alltagsbewältigung im Weg. Sie denken, ohne Gefühle besser dran zu sein, weil Sie dann souveräner,

stärker, unangefochtener wären. Aber das ist nicht der Fall. Ihre Gefühle gehören zu Ihnen und machen Ihre Persönlichkeit erst aus.
Leben Sie Ihre Gefühle!

Finden Sie zu Sätzen der Vermeidung und Verneinung aktive Alternativsätze.

A) Satz der Vermeidung und Verneinung:
„Ich überlasse lieber anderen die Entscheidung, dann kann ich keinen Fehler machen."

B) Aktive Formulierung Ihres Anliegens:
„Auch meine Fehler sind menschlich, aus ihnen kann ich lernen."

A) Satz der Vermeidung und Verneinung:
„Ich will nicht, dass sich jemand über mich ärgern muss."

B) Aktive Formulierung Ihres Anliegens:
„Du darfst dich über mich ärgern, denn das ist deine Entscheidung."

A) Weitere Sätze der Vermeidung und Verneinung:
„Ich möchte mich nicht mehr selbst bedauern, dass ich so unvollkommen bin."

B) Aktive Formulierung Ihres Anliegens:

_____

_____

A) Satz der Vermeidung und Verneinung:
„Ich möchte mir nicht mehr alles anziehen, was andere über mich sagen."

B) Aktive Formulierung Ihres Anliegens:

_____

_____

Finden Sie eigene Sätze der Vermeidung und Verneinung, die Ihnen persönlich vertraut sind und formulieren Sie dazu aktive Alternativsätze.

A) Persönlicher Satz der Vermeidung und Verneinung:

_____

_____

B) Aktive Formulierung Ihres Anliegens:

_____

_____

A) Persönlicher Satz der Vermeidung und Verneinung:

_____

_____

B) Aktive Formulierung Ihres Anliegens:

_____

_____

Dieses Kapitel befasste sich mit dem Thema Grübeln und Sorgen und wie Sie sie hinter sich lassen können.

Wie sehr betrifft Sie die in diesem Kapitel geschilderte Thematik?

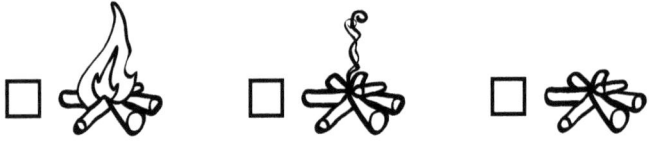

Merke: Bleiben Sie nicht mit sich alleine!

Zum Schluss

Sie sind am Ende der drei Impulskapitel angelangt. Schauen und blättern Sie jetzt noch einmal zurück. Welches Bild, welches Thema hat Sie am meisten in Ihrem Alltag abgeholt? War es das Kapitel von der Libelle am Nordpol, das vom Chamäleon auf der kariert gepunkteten Streifentapete oder das Kapitel von der Fliege auf der Sahnetorte?

Verschiedene Male wurden Sie auf den gelesenen Seiten eingeladen, Fragen zu beantworten und sich persönliche Notizen zu machen. Wenn Sie sich diese noch einmal anschauen: Welche Ihrer Gedanken, Erkenntnisse und Vorhaben wollen Sie im Gedächtnis behalten und im Alltag Ihrer Beziehungen unter Freunden, in der Partnerschaft, in der Familie oder am Arbeitsplatz in die Praxis umsetzen? Ein Tipp: Verbinden Sie diese Einsichten mit Merkbausteinen, die Sie in der kommenden Zeit immer wieder einmal an Ihre Vorhaben erinnern. Das kann ein motivierender Satz auf Ihrem Desktop sein oder ein Gegenstand auf dem Sekretär, ein Aufkleber am Kühlschrank, ein Bild an der Wand oder ein Zettel im Portemonnaie.

Details des Gelesenen werden Sie nach einer Zeit nicht mehr erinnern. Aber was Sie an wesentlichen

Erkenntnissen gewonnen haben, können Sie in Ihrer Erinnerung sichern. Erinnern Sie sich immer wieder einmal selbst daran:

> *„An einschränkende Lebenssätze aus meiner Vergangenheit bin ich nicht länger gebunden. Aus ihrer Fessel löse ich mich durch ein neues Denken. So gewinne ich neue Perspektiven und frischen Lebensmut."*

> *„Was mir andere Menschen zuschreiben, ist nicht entscheidend für mein Selbstbild. Ich stärke das Ansehen von mir, indem ich mich selbst mehr zu sehen und besser zu verstehen lerne."*

> *„Was mich emotional bewegt ist wichtig und bedeutsam. Deshalb bleibe ich mit meinen Gedanken und Gefühlen nicht alleine, sondern teile sie mit Freunden und Bekannte, mit meinem Partner oder einem anderen Menschen meines Vertrauens."*

Wenn Ihnen der Ratgeber gefallen hat, freuen Sie sich schon heute auf die Fortsetzung!

„Ich glaub' ich stell' mir selbst ein Bein."

www.arne-voelkel.de